正面管教儿童心理学

倪彩·著

中国纺织出版社有限公司
国家一级出版社
全国百佳图书出版单位

内 容 提 要

正面管教，是以心理学家阿德勒的“个体心理学”理论为基础发展而来的，通过为孩子创造一个持续鼓励的环境，培养孩子自信、自律、合作、有责任感、有自主感以及自己解决问题的能力，帮助孩子在这个过程中获得“归属感”和“价值感”，继而改变孩子的行为。作者倪彩以自己养育孩子的经历和观察到的养育方式为主体，融进对正面管教的思考和理解，与读者探讨更优质的教育。

图书在版编目（CIP）数据

正面管教儿童心理学／倪彩著. —北京：中国纺织出版社有限公司，2019.10

ISBN 978-7-5180-6463-2

Ⅰ.①正… Ⅱ.①倪… Ⅲ.①家庭教育 ②儿童心理学 Ⅳ.①G78②B844.1

中国版本图书馆CIP数据核字（2019）第164563号

策划编辑：郝珊珊　　责任印制：储志伟

中国纺织出版社出版发行

地址：北京市朝阳区百子湾东里A407号楼　邮政编码：100124

销售电话：010—67004422　传真：010—87155801

http：//www.c-textilep.com

E-mail：faxing@c-textilep.com

中国纺织出版社天猫旗舰店

官方微博http：//weibo.com/2119887771

三河市延风印装有限公司印刷　各地新华书店经销

2019年10月第1版第1次印刷

开本：880×1230　1/32　印张：6

字数：210千字　定价：42.80元

序　你的教养风格，决定孩子的性格

从决定要孩子的那一刻起，我就下定决心做一个好妈妈，我也希望自己能成为孩子心中理想的父母。但我忽略了一点，成为父母是在有了孩子以后，在此之前，没有谁具备这方面的经验；而在真正成为父母之前，我们肯定也想象不到，世界上还有如此艰难的职业。

喂奶，洗澡，换尿布，添加辅食……每一件事都需要自己去摸索，我不明白为什么孩子饿了会哭，吃饱了会哭，困了会哭，睡醒了也要哭。好不容易熬到孩子大一点，又有新的问题困扰着我：孩子为什么喜欢走不平坦的路，喜欢重复看同一部动画片，喜欢跪在地上，喜欢说不？再大一点，她变得有一点点害羞，还有一点点任性，有时候甚至会搞破坏。面对孩子，纵使满腹经纶，也无法回答她的十万个为什么……

我没有了初为人母的欣喜，因为我每天都在跟孩子做斗争，我因为孩子的养育问题而灰心丧气。我开始想，为什么很多职业需要持证上岗，比如教师、医生、护士、司机、会计、律师……但是做父母如此高难度的职业，却没有人规定必须持证上岗呢？

我开始学习，因为我说过要做一位好妈妈。我从职场上退下来，一心抚养我的小宝贝，每当孩子出现新的问题，我就换一批崭新的书，给自己补充新的知识。当某一天，我惊觉，孩子变成了另外一个我，我才发现，最好的教育就是把自己变成更好的人。

著名教育学家陈鹤琴说：“家庭教育对孩子来说，首先是自我教育。”

教育家苏霍姆林斯基也说：“每个瞬间，你看到孩子，也就看到了自己；你教育孩子，也就是在教育自己，并检验自己的人格。”

自然天才教育家特娜夫人也指出：“孩子是父母的影子，为了培养孩子的品德，父母的行为要自慎，应处处做孩子的表率。孩子好的行为或坏的行为，都是父母教育和影响的结果。”

换而言之，你的教养风格，决定了孩子的性格！假如你是一个只知道发脾气的父母，孩子的脾气也好不到哪里去；假如你不宽容，孩子也必定睚眦必报；假如你行事软弱犹豫，孩子也学不会雷厉风行；一个邋遢的父母也教不出一个爱整洁的孩子……父母自身所具备的行为习惯、道德品质、人格修养会潜移默化地对孩子产生影响。

在婴幼儿阶段，孩子主要是通过模仿向大人学习的，孩子对成人的模仿，不仅在于言谈举止，就连思维模式、性格特点等也会克隆。可以说，孩子就是父母的一面镜子，孩子长成什么样，就看父母表现得怎么样。

孩子就是一张白纸，父母的言行举止就是一支笔，育儿就像作画，你的画好看与否，关键是看执笔作画的人怎样去描绘：如果你画得好，孩子会受用一生，成为佳作；假如出现败笔，轻则留下污迹，重则变成废纸。

亲子教育是一件任重而道远的事。作为一名家庭教育研究者，一位妈妈，我在本书中分享了自己养育孩子的点滴心得：关于爱，关于如何读懂孩子，关于父母的修行……人生最美妙的体验，就是把时光浪费在美好的事情上，与孩子相处就是世界上最美好的事，没有之一，愿我们懂得珍惜！也愿你和我，都能在教育孩子的道路上，与孩子共同成长，彼此成就。

目录

第1章

节制任性：重新看待孩子的不良行为

01.把哭泣的权利还给孩子

三岁半的女儿特别喜欢哭，所以爸爸给她起了个绰号叫“乌云妹”，因为她哭起来就像乌云下雨一样，眼泪哗啦啦地往下掉。

女儿很喜欢爸爸，但是由于工作的原因，爸爸经常出差，不能时常陪在女儿身边，渐渐地问题出现了——爸爸不在家，女儿就会非常听话，很容易合作，但是只要爸爸回到家，女儿就各种“作妖”，稍不如意就大哭不止。

平日里自己乖乖坐在餐椅上吃饭，爸爸在家的时候就要爸爸抱着吃，要爸爸喂，如果被拒绝，顿时泪如雨下。没办法，爸爸只能放下碗筷，抱着她，按理说已经满足了她的要求，她应该破涕为笑了吧，但窝在爸爸怀里的“小公主”哭得更加伤心，因为爸爸有点不耐烦的样子伤害了她幼小的心灵。

女儿哭闹是不是真的为了让爸爸喂饭？其实不然！对女儿来说，她只是在寻求爸爸的关注，她觉得获得爸爸宠爱的最好方式就是哭泣——只要我哭了，爸爸就会更加关注我，只要我哭了，爸爸就会时常陪着我。

孩子从出生起就完全脱离母体，成为一个独立的人，他们有自己的思想、自己的行为、自己的情绪，以及丰富多彩的内心世界。他们也会像大人一样希望有人可以分享他的快乐，分担他的忧愁，如果父母忽略了他的内心世界，他就会通过“哭泣”这样的“问题行为”来引起爸爸妈妈的注意。

除了寻求关注，孩子哭闹不止还有以下几个原因。

· 寻求权利

当他的要求没有得到满足时，以哭表达自己的不满。例如，想要抱抱，想要吃糖，想爸爸妈妈陪着玩……当这些愿望被拒绝，孩子通常会通过哭闹来达到自己的目的。

· 受了委屈

当孩子需要你的时候，你正好有事，面对孩子的正当需求置之不理，或者直接简单粗暴地说：“走开，别来烦我。”孩子摔倒了，不但没有得到你的安慰，反而被责怪不小心。这些委屈足以让孩子伤心落泪。

· 生活习惯被打破

秩序感对孩子来说非常重要，突然面临陌生的生活环境、陌生的人，都会让孩子极其不安。如果感觉到既定的生活习惯被打破，孩子就会乱发脾气，哭闹不止，以此来表达自己的抗议。

大多数父母都把哭泣视为洪水猛兽，面对孩子的哭闹，他们通常会做出以下反应。

·羞辱——哭、哭、哭，就知道哭，一点出息都没有。

·反感——叫你别哭，你还哭，烦死了！

·恐吓——你再哭，就不要你了，把你丢到外面去不管了。

·冷漠——要哭就到一边哭去，不哭了再来找我。

·否定——就这么点事，还好意思哭。

·妥协——好了，不哭了，妈妈给你买好吃的。

这样做往往达不到父母想要的效果，这与正面教育所提倡的教育方法背道而驰。制止孩子哭泣，孩子就真的不哭了吗？如果孩子真的停止了哭泣，又是什么在起作用呢？

通常，我们努力制止孩子哭泣，孩子反而会哭得更厉害，抽抽搭搭，没完没了。如果孩子真在我们的恐吓、威胁之下停止哭泣，他的情绪并不会真正愉悦起来，强忍泪水会让他更加委屈、压抑，这对孩子的身心健康是极其不利的。

其实，让孩子哭一哭并不是坏事。心理学家认为，正常的哭泣对人体能产生积极效应，孩子在伤心委屈的时候，如果能痛痛快快地哭一场，等到情绪稳定后就会产生积极的心理效应。

那么，面对孩子的哭泣，正确的做法是什么呢？

1.理解孩子的“不良行为”

孩子哭闹、发脾气，一定有他的原因。面对孩子的哭泣，父母最不能做的事就是像孩子一样发脾气，我们要学会理解孩子的不良行为，学会倾听孩子内心的真正需求。

比如，孩子特别想吃糖，而你又不想让他吃糖，你要让孩子先把他的需求说出来，然后说出你无法满足他这一需求的理由，这个过程一定是温柔而坚定的。你可以温柔地说："我知道糖特别好吃，宝宝最喜欢吃糖，但是宝宝正在长牙，糖吃多了，牙坏掉了，以后就不能吃更多好吃的了……"你一定要让孩子明白"你知道"，而不是武断地说"不行"。

2.把哭泣的权利还给孩子

当孩子受了委屈想要哭泣时，父母要表现出理解和关心，不要去阻止孩子哭泣，更不能责骂，而应正确引导孩子哭出来，这样才能更好地抚慰孩子的心灵创伤。

比如，孩子难过哭泣时，你可以将他抱在怀里，温柔地说："妈妈知道你很难过，妈妈愿意与你一起解决问题，妈妈爱你！"

当你学会说"妈妈爱你"这句话后，你会发现这句话非常有效，有了父母的关心和爱，孩子的情绪会很快好转。

总之，孩子来到这个世界上的第一次发声就是啼哭，哭泣是人类生理情绪的正常表露，更是婴童时期表达感情和内心需求的一种主要方式，是正常现象。面对孩子的哭泣，最正确的做法就是接纳孩子的情绪，把哭泣的权利还给孩子！

02.吃饭这件让人头疼的事

和朋友聊天，她说最近孩子太不听话了，最让人头疼的就是吃饭。她花了30分钟时间给我还原了他们一日三餐的场景。

“宝贝，早上想吃什么呢？”朋友问儿子山山。

“我想吃煎鸡蛋。”山山开始了他的点餐之旅。

朋友开始认真地做煎蛋。第一个煎得太老，山山尝都没有尝就说不要；第二个煎得太嫩，咬了一口蛋黄就流出来了，山山哭闹着扔了；第三个煎得不老不嫩刚刚好，但是小祖宗却说不想吃煎蛋了，要吃妈妈做的鸡蛋羹。于是朋友开始打鸡蛋，准备蒸鸡蛋羹时，电视里正好播放八宝粥的广告，山山于是说道：“妈妈，我要吃八宝粥。”幸好电饭煲里做着八宝粥，朋友把粥盛出来，山山吃了一口，他又改变主意要吃面包，家里没有面包，朋友急忙去楼下的超市买回来……

这只是一顿早餐，就足以让朋友手忙脚乱，山山有的是办法让朋友二十四小时忙得团团转，这让朋友感觉疲累不堪。

曾经，女儿在吃饭这个事情上也是一个“问题儿童”。当我发现后，我就开始有意识地寻找一些方法，培养女儿的吃饭习惯。我是这么处理女儿的吃饭问题的：

在早餐开始之前，我会让女儿帮我做一些准备工作，比如说摆碗筷、搅拌鸡蛋，女儿还没有满三岁就会搅拌鸡蛋了。为了防止鸡蛋溢出来，我会给她准备一个很大的碗。通常，早餐我会给她两个选择，比如说土司加鸡蛋，或者是小米粥配点小菜。

当女儿选了土司加鸡蛋，尝了一口之后，她改变主意了："妈妈，我不喜欢吃土司。"我会这样说："好吧，土司就是这样的味道，我没有办法把它变得更好吃，如果你不想吃就不吃吧，等午餐的时候妈妈给你做好吃的吧。"我不会试图说服女儿把土司吃进肚子，也不会像朋友那样给她换另外的早餐，我只是想要女儿体验一下她的选择所带来的后果。

一个小时不到，女儿就钻到我的怀里，撒娇地说她饿了。我说："我知道你饿了，但是离吃午饭的时候还有两小时，我相信你能挺到中午。"一开始，女儿并不习惯我的做法，她也会发脾气，甚至是哭闹撒泼儿。我会温柔地安抚她的情绪，但是依然坚持我的原则，直到午饭时间，女儿乖乖地吃了一大碗饭。

不好好吃饭是大多数孩子都会出现的问题，大人在对待孩子吃饭的问题上出奇地一致，只要孩子不好好吃饭就开始紧张了，好像孩子少吃一顿饭就会长不大似的，开始严重的神经质，结果快乐的用餐时间变成了一个没有硝烟的战场。

其实，孩子少吃一顿饭无关紧要，重要的是培养孩子的吃饭习惯。

1.培养孩子独立吃饭的习惯

很多父母怕孩子吃饭会弄脏衣服，怕孩子将碗打碎，或者是嫌孩子吃饭太慢，于是采取喂饭的方式。这样做的确很省事，吃完饭不用打扫孩子的“战场”，但是孩子也因此失去了锻炼独自生活的机会，变得更加依赖大人。

吃饭是人的一种本能，也是孩子学习独立生活的第一件事，我们不应该剥夺孩子学习的机会，让他们自己去做。碗打破了可以再买，衣服脏了可以洗，孩子的成长时机错过了，就永远也找不回来了。

2.拒绝偏食

大部分孩子身体素质差就是由于不好好吃饭或者偏食造成的。大多数家庭的餐桌上都是孩子喜欢吃什么就有什么，妈妈的菜谱也是由孩子的喜好而定，因为大多数妈妈都是这样想的：“能吃点，总比什么都不吃好。”久而久之，孩子偏食的习惯就养成了。

孩子在长身体的时候挑食是一件不可忽视的事情，营养均衡很重要。对于孩子讨厌的食物，我们不妨改变一下烹饪方式，让孩子讨厌的菜变得不那么讨厌，这样或许就可以解决孩子的偏食问题了。

另外，还有一些父母，当孩子不好好吃饭的时候就用零食代替。其实大部分零食都没有什么营养价值，把零食当饭对孩子的身体一点儿好处都没有，还会让孩子更加不爱吃饭。

3.培养孩子的专注力

有的家长为了哄孩子吃饭，让孩子一边看电视一边吃饭，或者是追着孩子满屋跑喂着吃饭，这些方法都是不可取的。

吃饭要有仪式感，把吃饭当作一件重要的事来做，孩子才会专心致志地享受快乐的用餐时光。所以，吃饭的时候，我们应该营造良好的就餐环境，比如，一定要在餐桌上坐着好好吃饭，吃饭的时候一定要关掉电视机，把玩具收起来等。

4.培养孩子的餐桌礼仪

一个人的吃相，体现他的家庭教养。

餐桌礼仪要从小培养，吃饭的时候要保持端庄的坐姿，不要在盘子里挑来挑去，要教育孩子礼让长辈、不浪费粮食等。

03.淘气的正面意义是探索世界

自从孩子能够独立行走之后，之前的“美好时光”似乎就一去不复返了。突然间，曾经的“乖宝宝”就变成了“淘气大王”：打开抽屉，把里面的东西全部掏出来，然后又一件一件地放进去，关上抽屉后又打开，一遍又一遍地重复，乐此不疲；把锅碗瓢盆从橱柜里搜出来，然后敲得乒乒乓乓；喜欢从高处跳下来，喜欢上下楼梯，喜欢钻进桌子下面；衣柜是一个具有神奇吸引力的场所，如果孩子不见了，准能在里面把他找出来……

孩子这些看似淘气的行为，其实是在探索世界：抽屉里为什么能放这么多东西？锅碗瓢盆是什么形状的？它们为什么会发出声音？自己能不能钻进衣柜？这些问题都是在“淘气”中一一知晓。孩子这一系列的行为有一个专业一点的说法，就是“空间敏感期”，这是0~6岁的儿童不断持续发展的过程。

女儿一岁多的时候，突然发现沙发左边的扶手上有一个小小的洞，比她最小的手指还要小。发现这个秘密之后，女儿每天最喜欢干的事就是用手指抠这个小洞，在她的不懈努力之下，这个洞越来越大，连她最大的拇指都能塞进去。她兴奋极了，开始往那个小洞里面塞东西，塞进去，抠出来，抠出来，又塞进去，乐此不疲。

因为我知道“空间敏感期”这个概念，所以并没有厌烦她这个“淘气”的行为，而是引导她去思考问题，比如大的东西放不进去，可以放小一点的，硬的东西放不进去，可以放软一点的……这个简单的游戏持续了近一个月。我发现，与小区的同龄儿童相比，女儿的专注力更强，并且学会思考一些简单的问题。

孩子在会爬或者会走的时候，突然发现这个世界是立体的，当他发现这个奥秘，就会用自己的身体去感知空间、探索世界，并建立一个空间的概念。

那么问题来了，生活中很多父母并不知道什么是所谓的“空间敏感期”，他们只知道孩子的这些行为都极其危险、极其淘气。所以，当孩子开始翻抽屉的时候，他们会想方设法地阻止；当孩子想从高处跳下来，他们会吓得大声惊呼，一把将他抱下来，并给他贴上“不听话”的标签；他们会把橱柜衣柜锁起来，让孩子再也找不到“门路”……当他们成功地阻止了孩子的“淘气”，也阻止了孩子对空间的探索，并彻底地破坏了孩子的自我保护意识。

“淘气”并不是一件坏事，它只是孩子求知欲的表现。要知道，孩子并不是故意在给你制造麻烦，一切捣蛋行为都是好奇心在作祟，我们唯一要做的事就是支持他的好奇心，并帮助他探索世界。

当然，孩子的很多“淘气”行为的确会给大人制造一些麻烦，比如弄翻垃圾桶，把垃圾弄得到处都是，这也是我最不能忍受的。最开始，看到好不容易打扫干净的客厅被女儿弄得满地狼藉，我极其烦躁，我会大声呵斥她。看到我严肃的面孔，女儿雪白的小脸儿显得更白了，眼泪在眼眶里打转儿，那模样让人心疼极了，于是我心肠软了下来，将她拥入怀中。但是，我发现，自此之后，女儿的“淘气”行为并没有收敛，反而变本加厉。

后来，我查看了许多育儿书籍，第一次了解到正面管教这一育儿理念，我豁然开朗。当女儿再一次弄翻垃圾桶的时候，我走过去，蹲下身来，轻声告诉她：“宝贝，妈妈花了很大力气才把屋子打扫干净，现在你把垃圾弄得满屋都是，妈妈要再把地收拾干净会很辛苦哦。”“妈妈的手会痛吗？”女儿轻声问。“不但手会痛，腰也会酸。”我说着做了一个痛苦的表情。女儿见我如此，小脸皱成一团，焦急地说：“妈妈，我给你吹一吹，吹一吹就不疼了。”说完噘起小嘴在我的手上吹了吹。自此，女儿再也没有把垃圾桶弄翻了，她意识到她的行为给我带来了麻烦和痛苦。

看到这里，可能有些妈妈会有疑问，这样的教育方式是不是意味着就是放纵孩子，让他没有任何规矩可言，对此我想说：“正面管教的意义就在于，管教孩子的同时，修炼家长的耐心。孩子的成长需要一个过程，家长要耐心等待，等待孩子度过这一时期。”

那么，在这个过程中，我们应该怎么做呢？

1.杜绝一切打扰孩子的行为

当孩子将抽屉里的东西翻出来，将物品推翻，将玩具藏起来……不要打扰他，更不要大声呵斥他。如果我们把他的行为定义为“淘气”，并斥责他们，那么他就不敢再去主动探索新事物。

记住：对于儿童自发性的活动，我们要最大限度地减少干预。

2.收起危险物品，营造安全的探索空间

生活中，我们习惯告诉孩子这样不能碰，那个不能动，于是孩子就习惯了不能，忘记了能。久而久之，孩子看到新事物，脑海里首先想到的就是“不能动”，他并不知道为什么不能动，也不知道究竟可不可以动，这对孩子的身心健康是非常不利的。所以，在孩子探索的过程中，我们的正确做法是提前将危险的物品收起来，给孩子营造一个安全的探索空间。

3.陪伴孩子，适当帮助

孩子在探索的时候，大人应适当地给予帮助，比如：发现孩子搬东西吃力的时候，及时地给予间接帮助，减少孩子的挫败感；发现孩子需要获得赞赏的时候，及时地给予赞美，激发孩子的积极性；发现孩子需要陪伴的时候，及时地给予回应，给他足够的安全感。

04.谁动了孩子的创造力？

那天晚上，我在朋友圈儿晒了一张吃火锅的照片，因为从锅底到菜品都是自己亲手做的，所以极其得意地拍了两张照片，发了一个圈儿。

在众多的评论中，多多妈妈的评论关注点没有在火锅上：“是我看错了吗？墙上那一团黑乎乎的东西是菜的影子还是你女儿的‘杰作’？”我回道：“你没有看错，那是我女儿的杰作。”多多妈妈回了我一个满脸黑线的表情。

我们去年年底才搬进新家，短短的几个月时间，新家的墙上、沙发上、桌子上都是女儿的涂鸦，又粗又黑的画笔很难清除。看到精心布置的家被女儿祸祸成这个样子，说不心疼是假的，但是心疼归心疼，我们并没有阻止孩子涂鸦。仔细观察便能发现，孩子的涂涂画画中孕育着最初的创造力：一个并不太规整的长方形被她叫作电视，几个歪歪斜斜的曲线她说是游泳池，其中画得最像的当数棒棒糖了，那是个几个圆圈重叠在一起像箭靶一样的东西，下面还有一个弯弯扭扭的棍子支撑着……

在墙上乱画是很多孩子都喜欢干的事情，看到画脏的墙，大多数父母会觉得这是孩子在故意搞破坏，便将孩子大骂一顿。在日常生活中，没有哪个父母喜欢孩子的“破坏”行为，只要一看到孩子出现“破坏”端倪，就会立即阻止。当孩子兴奋地给我们介绍他的创作时，我们却给出了让孩子失望的反应：你都画的什么乱七八糟的东西，好好的墙被你画成这样。

其实孩子无论是在墙上胡乱涂画，还是拆掉你给他新买的玩具，这都是创造力的一种表现，很多家长不知道，自己所做的事，正在破坏孩子的创造力。

“我家孩子不喜欢玩积木。”这天在楼下晒太阳，小区里的一位宝妈对我说。

“积木的玩法千变万化，很少有孩子不喜欢玩的啊。”我疑惑地说。

“我也是听说玩积木可以锻炼孩子的创造力和动手能力才给他买的，但是他总是喜欢把积木用他的玩具货车搬来搬去，或者是找个地方把它们藏起来，根本就不搭建各种造型。我去教他怎样玩，他还发脾气，把积木扔得满地都是。”那位妈妈说。

你看，我们与孩子之间的“误会”有多深。通常，我们都觉得积木的意义就在于锻炼孩子的创造力和想象力，除了搭建造型，其他的玩法都是错误的。在这里，我想说：不要用所谓的“正确”玩法去禁锢孩子的思维能力，任何粗暴的干涉都会破坏孩子的创造力。

在日常生活中，孩子的很多事情都是大人决定的，我们习惯了去控制孩子，经常用成人的思维去要求孩子：你选那个玩具不好玩，你看，妈妈选的多有意思；宝贝，积木不是这样玩的，来，妈妈教你……其实，在想象力和创造力这件事情上，由于定式思维的限制，大人是远远不如小孩的，这些看似正确的教育方法，都是在扼杀孩子的创造力。

那么，我们应该怎样维护孩子的创造力呢？

1.放下教育的目的性

由于受到“孩子不能输在起跑线上”的思想影响，现在的父母都比较重视孩子的教育。由于竞争的残酷，教育的目的性也越来越强，就像上文所提到的妈妈，她认为积木能培养孩子的创造力，于是买了积木，认为孩子不搭建造型便是“不务正业”。这样目的性极强的教育方式，并不能让孩子变得更优秀、更聪明。

还有的家长为了培养孩子的创造力，会给孩子报一些特长辅导班，结果孩子们一起上课，画的画、做的手工都像流水线上的作业一样，这样的教育只是在模仿老师，没有任何创意可言，这对孩子的创造力的杀伤力是巨大的。

所以，要维护孩子的创造力，首先我们应该放下教育的目的性，根据孩子的天性，让孩子按自己的想法去玩、去成长。

2.允许孩子自由表达

从小大人就教我们弯弯的月亮像小船，圆圆的月亮像银盘，所以我们想象不出来月亮还有其他样子。当孩子跟我们说月亮像香蕉的时候，我们可能会毫不犹豫地说："孩子，你错了，月亮怎么会像香蕉呢？"

大人总是在不知不觉中创造出"追求标准答案"的教育氛围，在这样的氛围里，孩子的思想被正确答案禁锢，表达欲望也会大打折扣，这样何谈想象力？孩子的思维方式和大人有千差万别，很多时候，他们会以我们意想不到的方式输出信息，你会发现他们比我们更有想象力。

很多问题是没有标准答案的，孩子稀奇古怪的想法就是想象力和创造力。所以，我们要做的是鼓励孩子用自己独特的方式表达自己的想法，允许孩子自由表达。

3.给孩子一个宽松自由的成长环境

众所周知，孩子的天性就是喜欢玩耍，千万不能违背这一自然规律，应该让孩子回归自然，给孩子一个宽松自由的成长环境，让他在玩耍中学习，在学习中玩耍，这样他才能保持好奇心，在思考中不断探索，他的想象力和创造力也会不断提高。

05.警惕！孩子是在模仿谁？

不知道什么时候起，女儿变成了一个十足的“臭屁王”，在出门之前要换衣服、梳头发，在我的梳妆台前假装涂脂抹粉一番，嘴里还念念有词：“擦点粉，再抹点口红。”然后跑到镜子前左扭扭、右看看，最后还要跑到我面前问我：“妈妈，你看我漂亮吗？”

当得到我肯定的回答之后，她就会背上她的包包，对我说道：“妈妈，我要去上班了哦，你在家好好的哦。”那语气，那神态，跟我叮嘱她的时候一模一样。

当我惊觉孩子变成了另外一个我的时候，我冷汗涔涔，生活中总是丢三落四，工作中总是不求上进的我的确不是一个好榜样。马虎、怯懦、善忘……我有那么多臭毛病，如果都被她学去了，那该如何是好？于是我连夜敲下了一篇文章：《我愿为你变成更好的人》。

从那之后，我开始改变我的生活习惯，早睡早起，叠被子，收拾房间，用过的东西不再为图方便而随手搁置，而是尽量放回原位，当女儿玩完玩具我会协助她将玩具放回收纳箱……看到整洁的家，我的身心也跟着愉悦起来。我不再烦躁，对女儿也更有耐心了，大声呵斥她好像是很久之前的事了。以前我喜欢在手机上看书，为了让女儿不依赖电子产品，我每天会抽出一个小时的时间看纸质书，当女儿看见我看书的，她也会捧出她的绘本让我给她读……言传不如身教，任何影响都是潜移默化的，我知道我的一言一行都会被女儿模仿，所以，我尽量让自己变成一个自律的人。

著名教育学家陈鹤琴说："家庭教育对孩子来说首先是自我教育。"自然天才教育家特娜夫人也指出："孩子是父母的影子，为了培养孩子的品德，父母的行为要自慎，应处处做孩子的表率。孩子好的行为或坏的行为，都是父母教育和影响的结果。"

由此可见，父母自身所具备的道德品质、人格修养会潜移默化地对孩子产生影响。婴幼儿阶段，孩子主要是通过模仿向大人学习的，孩子对成人的模仿不仅在于言谈举止，就连思维模式、性格特点等也会克隆。可以说，孩子就是父母的一面镜子，孩子长成什么样，就看父母表现得怎么样。

那天，闺密带着她的孩子来我家做客，孩子长得很可爱，大大的眼睛，长长的睫毛，活像一个洋娃娃，非常惹人喜爱。

孩子的性格活泼外向，一点也不惧生，看到我女儿在爬行垫上玩积木，欢快地奔了过去。只见她抓起一个积木，像发现新大陆一样地跟闺密邀功："麻将，麻将，妈妈打麻将。"

我忍俊不禁，随即严肃地跟闺密说："以后打麻将可不能再带着孩子去了。"

闺密窘迫地点了点头。

闺密自从生了孩子之后，就在家做全职太太。孩子大一点之后，时间稍微宽松的她没有其他嗜好，唯独喜欢打麻将。她老公工作比较忙，公公婆婆也不在身边，孩子跟她形影不离，耳濡目染之下，孩子对麻将也产生了浓厚的兴趣，只要见到形似麻将的东西就兴奋。

俄国教育家苏霍姆林斯基说过这样一段话："家庭的智力气氛对孩子的发展具有重大的意义。儿童的一般发展、记忆，在很大程度上取决于家庭的智力兴趣如何，成年人读些什么、想些什么，以及他们对儿童留下了哪些影响。"

孩子对是非观念很模糊，很多时候就是以大人为榜样，特别是与他朝夕相处的人。在他的观念里，大人能做的，他也可以做，大人的一切行为都是他可以模仿的对象，不管好的，还是坏的。所以，像打麻将这样的陋习，大人即使再喜欢，也不能当着孩子的面玩。

孩子其实就是一张白纸，父母的言行举止就是一支笔，育儿就像作画一样，你的画好看与否，关键是看执笔作画的人怎样去描绘：如果你画得好，孩子会受用一生，成为佳作；假如出现败笔，轻则留下污迹，重则变成废纸。

所以，父母作为孩子的第一任老师，一定要给孩子创建一个良好的家庭环境，在做人做事上一定要品行端正，给人带来正能量，如此才能为孩子起到表率作用，激发孩子的上进心和成就感，给予孩子正面影响，让其成为一个积极向上的人。

06.听话不是教育孩子的终极目标

日常生活中，我们经常会听到父母这样批评孩子：“你怎么这么不听话？”我们出门的时候会这样叮嘱孩子：“在家一定要听爷爷奶奶的话，不要调皮捣蛋。”当孩子上学的时候我们会告诫孩子：“在学校要听老师的话，认真听讲。”

在我们国家，“听话教育”的思想根深蒂固，“听话”似乎是评价一个孩子是否优秀的标杆：听话的孩子就是我们所谓的乖孩子，而不听话的孩子则被简单粗暴地贴上“坏孩子”的标签。为什么我们会本能地控制孩子，要求孩子听话呢？

其一，出于对孩子的关心和爱护。

我们害怕孩子在成长过程中走弯路，害怕孩子遭遇危险。于是，我们想当然地把自己的人生经验强制性地灌输给孩子，要求他们听话，让他们少走弯路，避开危险和伤害，所以才有那句老话：“不听老人言，吃亏在眼前。”

其二，家长缺少民主意识。

大人认为孩子没有独立的自我意识，没有正确的判断能力，所以大多数父母就觉得自己的话才是真理，孩子听自己的不会错。但是作为父母的我们却忽略了一件事，孩子有权去认识这个世界，他的自我判断意识也会在认识世界的过程中一步步增强。更何况世界在变化，时代在发展，父母的观念也不一定对。

可以说，绝对控制的教育是最坏的教育。一味地要求孩子听话，容易让孩子失去自我意识，让孩子失去主见，丧失独立思考、解决问题的能力。那么，不再控制是不是就是放任不管呢？当然不是。对于一些基本的道德底线，该坚持的原则我们一定要坚持，好的教育就应该收放有度。那么，具体来说我们应该怎么做呢？

1.让孩子学会对自己负责

我们与其对孩子说："孩子你要听话，好好学习，不要辜负父母的期望。"不如这样对孩子说："孩子，你的人生是你自己的，你不需要事事都听我的，但是你做任何决定的时候，都要对自己的人生负责。"让孩子明白，学习不是为了父母，不是为了任何人，而是出于对自己负责，孩子要掌握自己的人生，首先要学会负责任地做决定。

2.接受孩子的坏习惯

生活中，很多父母喜欢这样对孩子说："你要乖哦，听话的孩子才惹人爱。"于是，在孩子的心中就形成这样的概念，听话等于被爱。为了讨人喜欢，他们很容易变成一个盲目听话的孩子，一切遵从家长的指示，没有自己的思想。

人非圣贤，孰能无过，我们应该接受孩子的坏习惯，并协助孩子改掉坏习惯。我们应该让孩子知道，父母对他的爱是没有条件的，不会因为其他任何事情而改变。

3.给孩子足够的关爱

父母一味地要求孩子听自己的话，但是我们是否真正关心过孩子的内心呢？

父母是孩子最亲近的人，当孩子表现良好、渴望被肯定的时候，我们应该及时地给予表扬，你会发现孩子更加努力了；当孩子向你诉说委屈的时候，你应该及时地照顾到他的情绪，让孩子感觉到自己是被爱的；及时地满足孩子的需求，如果你一味漠视孩子的需求，孩子会陷入自我怀疑中，怀疑自己不够好，怀疑自己不被爱，这样的伤害是久远的，很难抚平。

总之，家庭教育应该是民主平等的，每个人都有话语权和选择权，孩子也不例外，他们也是独立的社会人，理应被尊重。作为父母，不能简单地将“听话”当作教育孩子的终极目标，而是应该鼓励孩子独立思考，拥有正确的判断意识，做一个有主见的人。

第2章

尊重效应：转变态度的重要性

01.维护孩子的自尊和名誉

清明的时候，约了朋友一家去踏青。朋友家有两个孩子，哥哥叫小宇，妹妹叫夏天。平日里兄妹俩打闹惯了，一到郊外，更像是脱缰的野马，肆意地撒着欢儿。

春天的郊外，景色实在怡人，正当我沉醉在春天的风光中之时，只听"啪"的一声脆响，我回头一看，只见小宇捂着脸，眼里充满泪水。

很快，我从怒火中烧的朋友口中知道了事情的来龙去脉。原来，夏天在爬那块大石头，小宇在下面拉夏天的腿，结果夏天的嘴巴被磕破了，幸好他们的爸爸看见了，及时接住夏天，不然夏天准会摔下来。于是，小宇就结结实实地挨了一耳光。

我看了一眼那块石头，离地面差不多快一米高，下面还有嶙峋的碎石，如果摔下来，后果的确不堪设想。

后来的整个旅程中，朋友的丈夫都在怒斥小宇，朋友也偶尔帮腔，小宇红肿着脸，每次快要止住眼泪的时候，又被爸爸妈妈骂哭了。

一起同行的有许多人，最后小宇一个人躲进了车里。

“男子汉大丈夫，挨了打就挨了打，还好意思哭，你给我出来。”朋友见儿子躲进车里，更加生气，说着就要开车门教训儿子。

我赶紧拉住朋友，悄悄对朋友说道：“小宇是想跟妹妹玩耍，只是没有分寸，他并不知道摔下来的后果有多严重。爸爸的巴掌已经让他在众人面前失了面子，你就让他在车里独自待会儿吧。”

听了我的话，朋友冷静了下来，这一风波总算告一段落。只是，在后来的整个旅程中，小宇都没有从车里出来玩耍了。

英国教育家洛克说过：“父母不宣扬子女的过错，则子女对自己的名誉就愈看重，他们觉得自己是有名誉的人，因而更会小心地去维持别人对自己的好评；若是你当众宣布他们的过失，使其无地自容，他们便会失望，而制裁他们的工具也就没有了，他们愈觉得自己的名誉已经受了打击，则他们设法维持别人的好评的心思也就愈加淡薄。”

事实正如洛克所说的一样，孩子如若被父母当众揭短，在大庭广众之下被肆意责骂，那么孩子自尊、自爱的心理防线就会被击溃，从而产生逆反心理，甚至自暴自弃。

被誉为“史学四大家”之一的钱穆从小就很聪明，记忆力超群，有人说他9岁就能背出整部《三国演义》。

有一天，家里来了客人，客人知道钱穆聪明，便出题考问，钱穆对答如流，客人连连称奇，钱穆不禁有些得意。坐在旁边的父亲看到钱穆沾沾自喜的样子，欲言又止。

过了几天，父子二人出去游玩，途经一座桥，父亲便问钱穆“桥”字如何写，钱穆用树枝在地上写了一个“桥”字。父亲又问道：“如果把木字旁换成马字旁呢？”钱穆回答：“是‘骄’。”“那么，‘骄’是什么意思呢？”父亲继续追问。这时，钱穆明白过来，父亲是在教导自己，他羞愧地红了脸。

父亲的教诲一直铭刻于钱穆心中，在做学问的时候，他时刻告诉自己要戒“骄”戒“躁”，终成一代国学大师。

如果钱穆的父亲在客人面前就立即批评钱穆，让他不要骄傲，就会伤了儿子的自尊心，不仅达不到批评儿子的目的，还让儿子在人前失了面子。“人前不教子”，钱父非常懂得教子之道，不但维护了儿子的自尊，也让儿子懂得了不能骄傲自满的道理。

《朱子家训》中说：“堂前教子，枕边教妻。”它的意思是说，教育孩子要当面指出他的过错，而教训妻子则要给她面子，私下里悄悄告诉她。其实，这样的教育方式并不可取，孩子也是有自尊的，孩子的面子和大人的面子一样重要。

教训孩子，家长的出发点肯定是好的。当众教训孩子，是想让孩子认识到自己的错误，但是，这种教育并不能取得理想的效果。当众批评孩子，不但不能让孩子记住教训，反而会让孩子产生抵触情绪，甚至会让孩子心生怨恨。

那么，如果孩子在外面犯错了，我们该怎么做呢？

1.保持平常心，克制情绪

孩子在外面犯了错，父母千万不要觉得丢了脸，如果因为面子而当众训斥孩子，反而会丢了面子。有外人在的情况下，最好不要教训孩子，没有人时再私下告诉孩子，他哪些地方做得不对，应该怎么做。

2.批评孩子要掌握分寸和技巧

孩子出现问题，人前我们可以含糊过去，背后切不可放任不管。当孩子不知错、不认错，我们就要适当批评，但是批评的时候要注意方法方式，把握分寸，千万不能翻旧账，揭孩子“伤疤”。记住，合理的批评才能让孩子真心接受，进而改掉错误。

3.给孩子自我辩解的机会

当你的批评不符合事实，让孩子受了委屈，你不能专制独裁，应允许孩子自我辩解。父母要让孩子明白，允许他解释，并不是让他找借口推卸责任，而是追求实事求是的态度，力求公平合理。总之，教育孩子是个细致活儿，父母应该有足够的耐心和爱心。

02.用孩子的思维理解孩子

在聊天中，有宝妈这样跟我说：“真不知孩子的脑袋瓜里想的是什么，一块石头都能让他玩半天，给他扔了他还伤心地哭了大半天。”

事实很简单，孩子的心中只有喜欢，没有其他任何原因，只要他喜欢，一个破盒子都比你花几百块钱买来的玩具有意思。

女儿有个红色的盒子，她去哪里都会带上，她把它叫“秘密”。那个盒子是我新买的钱包的包装盒，并不是什么制作精良的玩具，却是女儿的最爱。

有一次，我看见那只空盒子躺在地上，打扫卫生的时候就顺手把它丢进了垃圾桶。不一会儿，我看见女儿在客厅这瞅瞅、那看看，似乎在寻找什么。看见我来了，女儿急忙跑过来问道：“妈妈，我的秘密呢？”

“什么是你的秘密？”那个时候我还不知道那是她的“秘密”，满头雾水地反问道。

“就是我的秘密呀，佩琪也有秘密，我也有秘密。”女儿回道。

我猛然醒悟，她说的“秘密”就是那个盒子。《小猪佩琪》那部动画片里，猪妈妈曾经给佩琪一个大盒子，让她装她的秘密。

我从垃圾桶里将那个盒子翻出来，女儿扑过来，一把将盒子抱在怀里，惊喜至极地说道："我的秘密在这儿呢！" 我真佩服自己的天才破译能力。

我们在与孩子进行交流的时候很容易犯一个错误，那就是用自己的思维去揣摩和理解孩子。也许因为总是与成人打交道，所以我们忘记了面前是一个未经世事、天真纯洁的孩子，他对世界充满天马行空、无拘无束的幻想，很多我们觉得无聊至极的东西，或许正是他的心头好。我们要学会用孩子的思维理解孩子。

法国童话短篇小说《小王子》里有这样一句话："大人怎么也不能明白我们的意思，而我们也懒得给他们解释。"听到这句话，大人可能会委屈地说："你们不解释，我们又怎么能明白你们的意思呢？"

《小王子》里还有这样一句耐人寻味的话："所有的大人都曾经是小孩，虽然，只有少数的人记得。"是啊，我们也曾是小孩，但是我们却都忘记了这件重要的事，在我们心中，小孩就是不成熟的代表，当一个人做了不可思议的事情之时，我们会毫不迟疑地说："你怎么像个孩子一样。"潜意识里，我们都把自己变成了高高在上的大人。

要想了解并走进孩子的内心世界，就应该放下"父母"的身份，用孩子的思维了解孩子，用孩子的眼睛看待世界。

妮娜是个安静内向的孩子，就连在爸爸妈妈面前，她的话也很少，爸爸妈妈看在眼里，急在心里。妮娜妈妈是个非常耐心细致的母亲，为了走进妮娜的内心世界，就特别关注妮娜的兴趣爱好，并尝试了解她喜欢的东西。

妮娜喜欢反复看动画片《爱莲娜公主》，妈妈便花时间看完了整部动画片，并在妮娜看《爱莲娜公主》的时候，时不时地说一句："爱莲娜公主真是一个勇敢聪明的人，恰洛卡是一个善良的怪物。""不，妈妈，恰洛卡不是怪物，他是英雄。"妮娜不满妈妈的说法。"对哦，他只是长得有点奇特，他救了整个村子里的人，他是个英雄。"妮娜妈妈赞成妮娜的观点。

就这样，妈妈和妮娜找到了共同话题，母女俩的感情突飞猛进，在爸爸妈妈面前，妮娜也变成了一个畅所欲言的孩子。

妮娜妈妈的做法非常可取，她选择站在孩子的角度，陪她做喜欢做的事，从她的兴趣爱好中找到共同话题，并打开孩子的心扉。

在与孩子交流时，我们应当以孩子的思维来思考，体会孩子当时的心情，融入孩子的情绪之中，不仅做孩子的父母，更要做孩子贴心的朋友。学会用孩子的思维去看待问题、思考问题，你和孩子之间的距离还会远吗？

面对孩子的喜怒哀乐，爸爸妈妈也应当积极回应，以便让孩子知道——"爸爸妈妈知道此时你心里的感觉"。同时，爸爸妈妈应该引导孩子说出他想要说出的话，耐心地等待他，让他真正地打开心扉，这样不仅有利于父母与孩子今后的交流，让父母和孩子的距离进一步拉近；而且能提高孩子自身的交流能力，让他对生活保持旺盛的好奇心，开发自己的潜能。

03.维护孩子的“领土意识”

女儿在六个月左右的时候就会认人了，除了爸爸妈妈之外，谁都不要。这让我非常恼火，老公工作忙，那段时间他几乎每个月都会出差，带孩子的任务完全落在了我身上。

为了让我轻松一点，婆婆主动过来帮忙。老人看到孙女，欢喜得不得了，奈何小家伙就是不让奶奶碰，只要奶奶一靠近她，她就会大哭不止，甚至用手做出攻击的动作。

但是，不管她多抗拒，奶奶总是和颜悦色地看着她，不到一个月，女儿就让奶奶抱了，每次看到奶奶还会给奶奶一个甜甜的微笑。

孩子在幼年的时候，有非常明显的“领土意识”，那是与生俱来的态度，在孩子给自己画的版图中，第一块“领土”就是自己的身体。

别看孩子小，谁可以接近他的身体，谁可以抱他，在孩子小小的内心世界中是有明确选择的。这种选择越明确，表达得越强烈，就说明孩子的“领土意识”越强，未来在建立与周围环境信任关系的过程中，也会表现得更谨慎和缓慢。

在这里，为什么我会用“领土意识”来替代“怕生”呢？两个说法看似一样，其实有着本质的区别，在孩子的成长过程中，“领土意识”是一种积极的、正面的行为模式，而“怕生”却是成年人对孩子的一个负面评价。

除了身体之外，孩子认为自己喜欢的东西也是自己的领土，还是比较重要的版图。当家里来了和他年龄相仿的孩子之时，这一意识表现得更加明显，他会处处提防，总担心小朋友把自己的东西拿走。

闺密家的孩子可心，只比我女儿大半岁，因为我们两家住得很近，两个孩子成了最好的玩伴。那天，我带着女儿去闺密家玩，两个孩子在房间里玩耍，我和闺密在客厅聊天。突然，女儿的哭声从房间里传来，我和闺密赶紧跑进房间询问情况。

“宝贝，为什么哭了呢？”我抱起女儿，安慰着说。

“我要玩姐姐的芭比公主，姐姐不给我玩。”女儿一把鼻涕一把泪地“控诉”。

“可心，怎么不给妹妹玩呢？”闺密略带责备地说。

“这是我的玩具，我最喜欢芭比，我也想玩。”可心抱着芭比说。

“你是姐姐，你怎么能跟妹妹抢玩具呢？姐姐要让着妹妹，你先给妹妹玩一会儿。更何况你是主人，妹妹是客人啊！”闺密说了一大堆让可心让出芭比的理由，然后伸过手去，要从可心手中拿走芭比。

可心的大眼睛里蓄满泪水，噘着小嘴，瞪了闺密一眼，把芭比狠狠地往地上一摔，也不理会妈妈，愤怒地走出了房间。

这时，女儿已经止住了哭声，我赶紧抱着女儿走到可心面前，用女儿的口吻说道：“姐姐，你不要生气了嘛，你先玩芭比，等你不想玩的时候，可以给我玩玩吗？”

听了我的话，可心立即破涕为笑，说道：“好的，但是你不可以把我的芭比拿走。”经过一阵哭闹，女儿也忘记了自己想要芭比的事，于是，两个孩子又一起愉快地玩耍了。

走出房间，闺密摇着头说：“唉，这孩子太没有礼貌了。”

我笑着说道：“孩子其实没有错，她只是在保护自己的东西不被侵犯，她已经有了领土意识，这是一件值得高兴的事儿呢！下次千万不要盲目地让孩子分享了，我们应该尊重孩子，更何况大让小的规矩本来就毫无道理可言。”

其实，孩子自己可以支配的东西很少，要不要分享，要让她们自己决定，大人可以帮他分析，但主动权还是要落在孩子手里。

总之，我们要尊重孩子的领土意识。当一些孩子不喜欢人进入他的“领土”之时，我们不要强迫孩子马上接受，强行地让孩子接受对他来说比较陌生的人，会让孩子觉得自己的抗争是无效的，内心的失望和无奈会让他被迫选择屈服，放弃抗争。

当孩子放弃抗争，大多数父母会高兴地认为孩子是一个懂事的乖孩子，殊不知，孩子这些屈服讨好的行为并不是真的信任和友好，是因为孩子的内心已经失去了抗争的动力，甚至积极向上的热情。在以后的学习、工作中，孩子更会越来越很明显地表现出“友善和蔼，效率低下，惰性很强，热情不足”的状态。

假如孩子不让别的小朋友玩自己的玩具，家长也不要给孩子扣上自私的帽子。孩子年龄小，他维护自己版图的努力也是出于本能反应，家长需要多给予理解和尊重，并做好合理的引导。

04.当孩子成为“掠夺者”

公园里有一个很大的沙池，很多孩子在里面玩着，一个五岁左右的男孩一把抢过一个小女孩的大铲子，还霸道地将那个小女孩推倒在地上。

失去玩具又被推倒的女孩一边哭一边说：“把铲子还我，把铲子还我。”

听到孩子的哭声，两位妈妈不约而同地走了过来。

小女孩的妈妈赶紧把小女孩拉起来，细声细气地安慰。男孩的妈妈却没有像大家所想的那样严肃地教育孩子，要求男孩向小女孩道歉，而是一把夺过男孩手中的铲子，把脸拉得老长，非常烦躁地说：“这破铲子有什么好的，你要抢别人的。走，妈妈给你买新的去。”

男孩妈妈的一系列做法惊得我瞠目结舌，小孩子打打闹闹很正常，男孩的行为也说不上非常恶劣，做出这种行为的男孩妈妈却是实实在在的“熊家长”啊！

孩子之间互相抢夺玩具，与道德品质并没有多大关系，也基本涉及不到社会规则问题，男孩会这样做，也许只是因为他觉得比较好玩，比如抢别人的玩具才能够让自己兴奋起来，于是他就做了这样的事。男孩妈妈的做法却会引起别的家长的反感，因为这位妈妈回避了孩子的问题，并忽视了男孩对这个小女孩的伤害。

生活中，很多看似突发的犯罪行为，其实都有其根源的，大多数是因为早年出现的一些问题没有得到及时解决。当孩子成为“掠夺者”，如果家长对孩子的抢夺行为没有正确引导，孩子就会把通过暴力得到别人的东西当作理所当然，长大后很可能走上违法犯罪的道路，这并不是危言耸听。

那么，当孩子抢别人玩具的时候，家长可以做些什么呢？

1.纠正孩子“自我中心”心理定势，引导孩子学会分享

现在的家庭大多数都是独生子女，孩子成为几代人心中的“宝”，所以孩子很容易养成以自我为中心的心理定势，变得固执任性。了解了孩子的这一心理特点，在日常生活中我们就要耐心持久地加以引导，教孩子将自己的零食、自己的玩具与他人分享，让孩子逐渐体验到除自己以外还有其他人的存在。

在家庭教育中，你可以把孩子宠成王子、公主，给予他们最好的东西，但是不要搞“特权教育”，比如好吃的东西只让孩子吃，好玩的东西先让孩子玩。你要让孩子知道，他所能享受的，其他人也同样可以享受。

当孩子做了错事的时候，我们应该让孩子知道大人也会伤心、生

气、着急……我们可以通过这些情感的表达，让孩子约束自己的不良行为，从而减少不良行为重复的机会，使之慢慢得到控制。

2.树立榜样，“做”比“说”更重要

模仿是幼儿阶段孩子的主要学习方式，特别是行为习惯方面。分享是需要学习的，而不是天生的，所以，父母有意识地为孩子树立榜样是有效的教育方法。

比如，当小孩子抢玩具的时候，不要大声地呵斥他，有时候大声呵斥会强化他的行为。这个时候我们可以蹲下来，与孩子商量：“你把玩具先还给小朋友，你可以问问小朋友，能不能和他一起玩。”或者你可以这样跟孩子说：“你让小朋友先玩，过一会儿我们再玩，宝宝要学会排队啊。” 然后帮孩子做一个动作：握着孩子的手，把玩具还给别人。当孩子把玩具还给别人的时候，不要忘记说一声“宝宝真乖”。

这是一个小技巧，其实不是宝宝主动把玩具还给别人的，而是你握着他的手做的。但这种方法起到了一个很好的示范作用，让孩子把简单的模仿行为，逐渐变为自己成功交往经验的一部分。当然，做这个动作的时候一定要照顾到孩子的情绪，否则孩子可能会大哭大闹。

3.顺其自然，适当干预

如果孩子的抢夺行为并不是很恶劣，没有对其他孩子造成伤害，而被抢夺的孩子与孩子的力量旗鼓相当，我们不妨顺其自然，让孩子自己解决。

心理学家皮亚杰曾经说：“孩子之间的社会交往，大人最好不要参与。”事实上，等到孩子们进入集体生活，离开了家长的怀抱，最后解决问题的还是他们自己。所以，孩子在和其他小朋友发生冲突的时候，留给他们更多自己解决问题的机会，如此不但可以让孩子相互学习、相互成长，还能提高孩子解决问题的能力。

4.及时表扬，给予肯定

如果孩子改掉负面行为，把玩具还给别人，我们就要及时地表扬他，这样的正面引导、强化，可以促进孩子养成良好的行为。

05.万能句式："我是为了你好"

"直到现在，别的完全忘却，不留一点痕迹了，只有背诵《鉴略》这一段，却还分明如昨日事……我至今一想起，还诧异我的父亲何以要在那时候叫我来背书。"

这是鲁迅先生在《朝花夕拾》中的一段话，描述的正是自己的成长故事：

有一次，小伙伴们都要去看无常表演，可偏偏父亲不让自己去，反而让他留在家背诵《鉴略》里的一段话。精彩的表演对孩子来说多么具有诱惑力，看表演可能是他童年最美的期待，但是这个小小的愿望都遭遇沉沉的抑制，以至于成为他一辈子都难以忘怀的事。可以说，被安排的童年，是最可悲的！

每一个孩子，从呱呱坠地起就是一个独立的个体，用心理学家阿德勒的说法就是："他们是一个社会人，他们也渴望自由和被尊重。"孩子时时刻刻在面临选择、做着决定，并在这个过程中培养着自己在这个世界生存的各项技能，只是大人们总是忽略了他们的感受。

孩子是父母的“心尖尖”，父母总想着给孩子最好的，“我是为了你好”，这句话是家长的万能句式。当我们开始用“我是为了你好”这句话来控制孩子的时候，你是否问过自己：孩子是否真的快乐？

前段时间，大学的室友媛媛来家里做客，并邀请我去观看她女儿茜茜的市级拉丁舞蹈比赛。媛媛颇为自得地跟我说：“我们家茜茜别看才六岁，去年就拿了区比赛的第一名。今年我让她天天练习，今年争取拿个市级前三，没准发挥得好还能摘得第一名的桂冠呢！”

可就在快要比赛的时候，茜茜却突然生病了，高烧到39℃，不得已只好住院，舞蹈比赛也错过了。那天，我去病房探望茜茜，刚走到门口，便听见媛媛在碎碎念：“前几天还好好的，怎么突然就病倒了呢，错过了这次比赛真是可惜，茜茜，下次你可要争气，争取一举夺冠……”

我推门进去，看见茜茜神情木然，似乎并没有把妈妈的话放在心上。看我进来，媛媛高兴极了，说道：“真是想睡觉就有人送枕头，我刚好要出去买东西，正愁没人照顾茜茜呢！”

我笑了笑，让她赶紧走。媛媛出去之后，我看见茜茜闷闷不乐的样子，于是问道：“茜茜，你怎么不高兴呢？是不是身体不舒服，告诉阿姨，阿姨帮你去叫医生。”

茜茜摇了摇头，回答道：“阿姨，我讨厌参加舞蹈比赛。”小小的人，有着与她年纪不相符的忧郁。

“那你怎么不跟你妈妈说呢？”我问道。

“妈妈说，我去比赛她会很开心。”茜茜垂下了眼帘。

媛媛回来后，我找了个机会将茜茜的真实想法告诉她。媛媛感觉很不可思议，她说她并不知道茜茜如此讨厌参加各种比赛，她以后再也不会逼孩子了。

父母总是以为孩子什么也不懂，所以一手包办孩子的事，即便孩子有不同的意见，但这种反抗多数时候也会被父母不费吹灰之力地镇压下去，理由很简单：“我是为了你好！”大人以为自己所做的一切都是为了孩子好，却总是忘了，孩子每一步的成长都需要一个独立的空间去选择、去判断，经历过了，经历多了，才能更好更快地成长。

有一次，在超市给女儿买玩具，碰到一对同样在挑选玩具的母女，小姑娘看起来三岁多的样子。孩子在一堆玩具中挑选了很久，最后选了一个只值几块钱的魔法棒，并且兴高采烈地对妈妈说：“妈妈，你看，我是仙女公主，我要这个。”

她妈妈抬头一看，女儿手中拿着一个塑料棒子，一脸嫌弃地说：“让你自己挑玩具你就挑个好的，家里一大堆这些破东西，乱七八糟的。”

刚说完，店主马上凑过来介绍欢乐城堡乐高套装，妈妈一边挑一边问女孩要什么颜色，小姑娘很坚定地说：“我就要这个魔法棒，我要当仙女公主。”

她妈妈对她说道：“你选的那个不好，就买这个，你看这个多好的，有城堡，也有公主。”然后，拿着那套几百块的乐高去付钱了。

小姑娘急得哇哇大哭，一边哭一边说：“那个没有魔法棒。”她妈妈依然没有理会她，付完钱就强硬地拉着她走了，孩子边走边哭，走了好远还听到她在哭。

给孩子买玩具本来是一件开心快乐的事情，却因为妈妈的自作主张而伤了孩子的心。家长总想给孩子最好的，有时候自己舍不得买东西，但凡是给孩子的，只要对孩子有好处，那就一定会买，但有时候我们所选择的，不一定是孩子所喜欢的。

在孩子的心里，玩具不分便宜贵贱，只分喜不喜欢。所以，大人不要想当然地去为孩子作选择，孩子有自己的想法，试着尊重他的选择和想法，不要强加太多的建议在孩子身上，你会发现他会更开心，更有主见和想法。

我们做任何事都要站在孩子的角度去看问题，去想问题，给孩子自主选择的权利。如果我们不尊重孩子的想法和选择，孩子以后会变得优柔寡断，他在遇到问题时也会失去判断的能力，甚至他习惯了听从家长的安排，会变得越来越没主见，凡事都依赖家长。

为了孩子能更快乐地成长，让他的童年不留遗憾，请给他足够的尊重和选择的权利。不要再用“我是为了你好”来绑架孩子，让他做他想做的事，做他应该做的选择吧！记住，适当放手，让他自己去学会慢慢地成长，孩子才能变得更自信、更有主见。

06.也许你已经失去了孩子的信任

那天去姐姐家吃晚饭，刚进屋，正在上幼儿园的外甥小宇就把我拉进卧室，附在我耳边说道："小姨，告诉你一个秘密，你不要告诉妈妈，因为她会跟我们老师告密。"

我笑了笑说："放心吧，我不会告诉任何人的。"

孩子满意地点了点头，说道："今天午睡的时候，旁边的小朋友因为想妈妈睡不着觉，于是我就像妈妈平日里哄我睡觉一样拍了拍她，想哄她睡觉。老师发现后说我打扰旁边小朋友睡觉，罚我一个人坐在角落里，还把这件事告诉我妈妈，妈妈下班后就狠狠地教训了我一顿。"

"小宇受了这么大的委屈，为什么不把这些话告诉妈妈啊？"我摸了摸小外甥的头。

小宇噘着小嘴说道："我才不要告诉妈妈，她只会相信老师的话。"

当孩子和"外人"各执一词之时，大多数家长都会选择相信"外人"，而不是自己的孩子，特别当这个"外人"还是家长最为信任的老师时。其实，对于孩子稚嫩的心灵来说，无论自己是否真的做错了，他们更加重视的是父母的态度，如果父母站在“外人”一边，这对他们来说就是“背叛”，这样的结果往往就会导致我们失去孩子的信任。

是父母把孩子带到这个世界上的，可以说，在孩子的心中，父母是天、是地，是他的整个世界。越是年幼，这种对父母的依赖和信任便越深。可是，大多数时候，孩子的这份难能可贵的信任都会被父母辜负。当孩子说出“大人都是骗子，我再也不会相信我的爸爸妈妈了”这样的话，对于父母来说，就彻底失去了孩子的信任。

如果父母都不值得信任，那么对于幼小的孩子来说，这个世界上还有谁可以信任呢？他们又将如何去面对这个世界的欺骗和伤害呢？

朋友菲菲的儿子乐乐上幼儿园大班了。一天，菲菲给儿子洗澡的时候，发现乐乐身上有好几处被拧伤的痕迹，看到那片不小的淤青，菲菲心疼极了，急忙问乐乐是怎么弄的。

乐乐言辞闪烁地回道：“在幼儿园和小朋友玩耍的时候，不小心摔了一跤。”

小孩子本来就不擅说谎，乐乐躲闪的眼神、心虚的语气很容易就出卖了他。菲菲仔细查看了一下乐乐的伤痕，完全不像是自己跌伤的。

在菲菲的再三逼问下，乐乐终于说出了实情，原来他是被班里的另一个小朋友弄伤的，那是公认的“小霸王”，经常欺负乐乐。

菲菲一边心疼乐乐，一边责怪乐乐为什么不早点把这件事告诉爸爸妈妈。乐乐用那双无辜的大眼睛盯着妈妈，小声说道："如果我向你们告状，爸爸又会说我没出息。"

菲菲听了乐乐的话，先是一愣，随即想到，乐乐以前也遇到过被其他小朋友欺负的情况，乐乐本能地向父母求助，可是她那脾气暴躁的老公没好气地说："男子汉，打不赢别人还好意思回家哭鼻子告状。"

"你可以不告诉爸爸，那你为什么不告诉妈妈啊？"菲菲不解地问。

"你永远不会帮我保守秘密，只要我告诉你了，爸爸就一定会知道。"乐乐回答道。

菲菲脸上一红，心里难受极了，仔细一想，乐乐已经很久没有跟爸爸妈妈说过幼儿园的事了。如果不是这次的事情，菲菲都不知道自己已经失去了孩子的信任。

父母毋庸置疑是孩子最信任的人，但是当孩子向父母寻求帮助的时候，父母冷漠回应，甚至是不相信自己的孩子，这对孩子都会造成很严重的二次伤害。孩子在极度的伤心失望之下，就会认定自己的父母不值得信任和依赖，于是他们就会选择关闭心扉，独自承受外界给予的一切，哪怕受伤也闭口不谈。

最良好的亲子关系就是彼此信任，作为父母，我们生来就是孩子最信任的人，要维护好这份信任，永远成为孩子心中最为信赖的人。

在亲子共处中，我们需要注意以下几个方面。

1.信任孩子，不要随意贬低和质疑

家庭是一个人启程的地方，孩子在社会中生存的很多技能都是在家庭中学会的，心理学家认为，原生家庭对一个人的影响是久远的，甚至是一生。

对孩子来说，家就是他的避风港，如果这个能够给予孩子一生支撑的安全地带里，充满了质疑、伤害、冷漠，那么孩子就会学会敌对和争斗。如果孩子看待任何事都带着怀疑的目光，如何能感受到世界的美好？

如果这个港湾是安全的，孩子能够在家庭中感受到友好和关爱，孩子就能在这里学会去爱，去友好地处理与社会的关系，去感知生活中的一切美好！

2.信守承诺，保守与孩子之间的秘密

生活中，孩子总会说出一些童言无忌的话，也会做一些让人觉得好笑的事。“妈妈，你不要告诉别人哦。”当孩子发现自己做了一件很好笑的事情之时，会这样叮嘱妈妈。但是很多父母却把孩子的话当耳旁风，他们觉得孩子做的糗事是一件有趣的事情，于是把这件事说出去，根本不管孩子是不是会觉得难为情，久而久之，孩子就再也不敢在你面前畅所欲言了。

所以，不轻易出卖孩子的小秘密，并信守和孩子约定的承诺，是培养孩子对父母的信任感的关键因素。当我们学会尊重孩子的感受，能够做到言出必行，孩子对我们的信任感也会越来越强。

3.树立榜样，做一个值得孩子信任的人

著名教育家马卡连柯说：“父母对自己的要求，父母对自己家庭的尊敬，父母自己一言一行的检点——这是首要的和最基本的教育方法。”

对孩子来说，最好的教育，是父母的以身作则。父母的一言一行孩子都看在眼里、记在心上。父母在为人处世的时候，诚实守信，做一个值得信任的人，不但能教会孩子做一个讲诚信、有担当的人，还能获得孩子的认同感，成为孩子心中最值得信赖的人。

第3章

严而有格：当心严厉惩罚的不良后果

01.严厉的惩罚会制造谎言

我是家里的第三个女儿，爸妈从小就把我当儿子养，所以我小时候是个非常调皮的孩子，只要不是睡觉时间，基本不会消停。所以，全家都叫我“捣蛋鬼”，爸爸更是对我没有一个笑脸，爸爸的理由是：“我这么严肃，她还不怕，如果我对她和颜悦色，她可就要上天了。”

记得一天早上，刚刚起床精力旺盛的我又在房子里上蹿下跳，一不小心，就把爸爸最喜欢的一盆花打翻了。我当时害怕极了，赶紧找到爸爸，告诉他自己把花盆弄翻了，我以为自己乖一点，主动坦白，爸爸就不会生气，哪知道爸爸知道这件事后勃然大怒，结结实实地把我打了一顿。从那以后，我再也不敢跟爸爸说真话了。

上小学的时候，我的成绩还算好，只是有点偏科，数学成绩总是不理想。每次考试没有考到爸爸规定的分数，就会被爸爸打手板儿。

为了避免皮肉之苦，我学“聪明”了，一般的小型考试，能瞒住的坚决不告诉父母，不能瞒住的就谎报成绩。如果老师要求家长签字，我就把试卷重叠在爸爸曾经签过的试卷纸上，临摹爸爸的笔迹，冒充签名。几次下来，爸爸妈妈没有一点怀疑，我为自己的机智暗自得意，丝毫没有觉得这样做有什么不对。

所幸，那个时候我遇见了一位好老师，在几次蒙骗过关后，我的数学老师兼班主任发现了我的小动作。老师把我叫到办公室，问我为什么说谎，我只好一五一十地交代。让我意想不到的是，老师并没有严厉地惩罚我，只是告诉我，诚实是一个孩子最为可贵的东西，任何时候都不要丢掉自己的诚实。

第二天是周末，爸爸却早早地出去了。中午的时候，爸爸回到家，意外地给我带了最爱吃的冰棍儿。记忆中，从那之后，爸爸再也没有打过我，我也再没有说过一句谎话。很久之后，我才知道，那个周末，爸爸是被我的老师约出去的。

俗话说“棍棒之下出孝子”，大多数中国家长觉得严厉的惩罚是最有效的教育方式。尽管家长的出发点是好的，希望纠正孩子的错误，让孩子有一个美好的前程，但是只要犯了错误就给孩子吃“板子炒肉”的做法，在家庭教育中并不能起到积极的正面作用。

家庭严厉的惩罚会制造谎言，孩子会像曾经的我一样，犯了什么错或有什么做得不能让家长满意的地方，不是想着对自己的行为负责，而是想方设法为自己遮掩，甚至学会说谎，以此来逃避家长严厉的责罚。

其实，犯错之后，孩子的内心是极度恐慌、极度脆弱的，这个时候他们更需要的是家长的关爱，而不是严厉的惩罚。那么，当孩子犯了错，我们应该如何正面管教呢？

1.拒绝打骂，和善坚定

打骂孩子本来就是最失败的教育方式，用这种方式来惩罚孩子不但不能解决问题，还会放大孩子的错误，对孩子的心灵造成第二次伤害。从内心来讲，孩子也不希望自己犯错，他也希望自己取得好成绩，能够得到别人的赞扬，所以，孩子犯了错或者成绩不理想，他的内心其实比任何人都难受。这个时候，只要一句温柔的鼓励，就会对他产生非常积极的影响。

所以，我们应该让他真切地感受到父母对他的关爱，在此基础上对他进行教育，效果会更好。但是，在和善的基础上，我们也应该有原则，犯了大是大非的原则性错误，家长应该坚定地指出错误，并协助孩子改正错误。

2.允许孩子犯错，但要避免重复犯错

心理学家认为："一个错误一旦发生，就算你发再大的火，它也已经发生了。眼下你最应该做的事，就是避免如何重复犯这个错误。"比如，当孩子把花瓶打碎了，无论我们如何惩罚孩子，花瓶都无法完好如初，这时，我们最应该做的就是告诉孩子，把碎掉的玻璃渣收拾好，免得被碎玻璃弄伤自己，之后，告诉孩子远离这些危险易碎的东西。整个过程，我们的态度要温和，而不能严厉，如此才不会让孩子产生逆反心理。孩子也会在这个过程中记住这个教训，反省自己的过失。

3.接纳错误，宽容让孩子更好地成长

法国作家罗曼·罗兰说：“人生应当做点错事。做错事，就是长见识。”

人非圣贤，孰能无过，尤其是孩子，他们就是在犯错的过程中成长的，犯了错误，只要懂得悔改，就是一种进步。如果我们过分严厉地要求孩子不要出错，那么，孩子在犯了错之后，就会如同惊弓之鸟，内心的极度恐惧会让他极力掩盖自己的错误行为，闭口不谈自己的过失，甚至编造谎言来逃避自己的过失，也就谈不上悔改了。

犯错不可怕，说谎就关乎一个人的道德品质问题了，所以，家长要从根源上扼制这种问题的产生。我们要从内心真正接纳孩子的一切，如此才能让孩子有勇气承认自己的过失，有信心为自己的错误负责。

02.南风效应：有效解决孩子逆反心理

法国作家拉·封丹写过这样一则寓言故事：北风和南风都觉得自己才是最厉害的，互不相让，最后决定较量一番，谁能把行人身上的大衣脱掉，谁的威力就更强大。

北风首先展示自己的力量，只见它深深地吸了一口气，然后张大嘴巴，呼出了一股寒冷刺骨的冷空气，结果路上的行人为了抵御北风的侵袭，把身上的大衣裹得更紧了。

接下来轮到南风了，只见南风不急不躁，轻轻张开嘴，徐徐地吹出一股温暖的气息，顿时天气变得风和日丽，犹如春天。路上的行人觉得天气暖和极了，于是解开纽扣，将大衣脱掉，南风获得了最终胜利。

故事中南风之所以能取得胜利，就是因为它顺应了人的内在需要。这种因启发自我反省、满足自我需要而产生的心理反应，这就是心理学上所说的“南风效应”，也称“温暖效应”。

南风效应也适用于家庭教育：在孩子的成长过程中，一味地严格对待，像北风一样寒冷凛凛，反而会让孩子难以接收，并且产生逆反心理。如果我们在改变孩子不良行为的过程中像南风一样细致温和，对他们采取和风细雨式的教育方法，往往能顺应孩子的内心需求，使孩子受到启发，从而自我反省、自我修正。

朋友有次来找我诉苦，说她现在真是拿孩子没有办法了，你说东，他偏要往西，你说不要哭了，他却闹得更凶；常常违背大人的要求，还喜欢故意去做大人明文禁止的事，在公众场合突然大声尖叫，还喜欢乱发脾气，将东西扔得到处都是。总之，怎么给她添堵，孩子就怎么办。

“我终于知道什么是‘可怕的两岁’，无论我要求他做什么，他都很难按照我的想法去做。为了让他听话，心里再不舍得都得打，打完之后他是乖了许多，但是我发现，这样的行为并没有改变，还有越来越严重的趋势。其实，家里只有我们母子两人的时候，他多少还是有点听话的，但是只要家里来了客人，他便开始处处跟我唱反调。”朋友如此说。

“为什么要让他按你说的做？”我反问道。

“他做的明明都是错的，我给他纠正过来呀，但他总是不接受我的意见。” 朋友说。

“那你纠正过来了吗？”我反问。

“没有。”朋友看起来很沮丧。

其实，这个年龄段的孩子喜欢说“不”，是因为他自我意识的觉醒，并不是故意在跟大人唱反调。在公众场合大声尖叫是因为他对周围环境的兴奋好奇，乱摔东西也是想探索世界，乱发脾气可能是寻求帮助……父母需要了解孩子这些行为背后的真正需求，利用南风效应，宽容对待，适当满足，你会收到意想不到的效果。

很多孩子之所以有一些反叛行为，跟大人的严加管教有很大的联系。大多数父母对孩子严加管教，不但没有在孩子面前树立威信，反而使孩子产生了逆反心理，让孩子在大人面前越来越叛逆。为了不让孩子产生逆反心理，在教育孩子的过程中，我们要特别注意以下几点。

1.心平气和地处理孩子的过失

孩子在成长过程中难免会犯错，当孩子犯错之后，我们要冷静地听一听孩子的想法和解释，心平气和地询问具体情况之后，再判断孩子是否应该接受惩罚。

年幼的孩子犯错，大多数都不是故意做坏事，如果孩子是好心办坏事，父母就不应该过于责备，而是应该鼓励孩子再去尝试，找到正确的做法。如果孩子犯了错，我们不给孩子解释的机会，不分青红皂白地便将孩子打一顿，会使我们与孩子之间的关系越来越疏远，孩子也会变得越来越叛逆。

2.不要带着怒气去管教孩子

任何人犯了错，都理所应当受到批评和教育，但人非圣贤，孰能无过，更何况还是一个未经世事的小孩子呢？所以，作为父母，孩子犯了错，我们首先要管理好自己的情绪，千万不要带着怒气去管教孩子。人在愤怒的情况下，很容易做出错误的判断，从而无法对孩子做出正确的引导，孩子也不能很好地认识到自己的错误。

孩子犯错后，我们可以心平气和地与孩子一起立下约定，如果以后再犯同样的错误，就会得到怎样的处罚，以此让孩子感受到家长的爱和宽容，并反省过错，避免重复犯错。如果孩子一犯错，家长就怒火中烧，给予严厉的惩罚，不但会使孩子变得胆小怯懦，还会让孩子缺少一颗宽容的心。

3.不把孩子当“出气筒”

现代社会，生活压力越来越大，有了孩子之后更是雪上加霜，身心疲惫的我们难免产生很多负面情绪。面对孩子，如果父母无法很好地控制自己的负面情绪，就容易把这些情绪转嫁到孩子身上，把孩子当“出气筒”。

对孩子释放自己的不满情绪，这对孩子来说是极其不公平的待遇。孩子平白无故地受到父母的责骂，心里的委屈可想而知，时间久了孩子就会变得内向、变得叛逆。把孩子当“出气筒”，有可能对孩子的一生都会产生负面影响。

03.威胁恐吓并不能解决问题

周末，趁女儿和爸爸还在床上午休，我在客厅乐得清闲地看书。正窃喜没有人打扰自己，女儿哇哇大哭的声音便从卧室里传来。

我赶紧飞奔进卧室一探究竟，原来是女儿在床上翻来覆去睡不着，缠着爸爸讲故事。爸爸把故事讲了无数遍，她的小眼睛还是骨碌碌地转动着，丝毫没有要睡的意思，极度困乏的爸爸随口说道："你再不睡，我就让大灰狼把你背走。"爸爸的话音刚落，小家伙就大哭不止。

生活中，我们总是喜欢威胁孩子，比如，孩子不停哭闹，怎么哄都不能让他停止哭泣，于是我们就会生气地说："你再哭，爸爸妈妈就不要你了。""大灰狼最喜欢哭闹的孩子了，你再哭，就让大灰狼把你背走。"这样做的结果往往是孩子哭得更加厉害。

小孩无故哭闹，的确让人很烦躁，家长的这些行为可以理解，但是我们忽略了一点，那就是爸爸妈妈是孩子最值得信赖的人，孩子越小，对父母的眷恋越深。如果常常用威胁恐吓的方式教育孩子，会让孩子产生强烈的不安。

心理学家指出："不要让孩子的心灵装进恐惧、忧虑、悲伤、憎恨、愤怒和不满，这些情绪和情感对孩子的神经发育有害，容易引起身心虚弱，影响孩子的身体健康。"如果经常让孩子生活在恐惧中，会让孩子不堪重负。任何精神上的不安都会对孩子的身心健康不利。

小区的广场上，一位妈妈在哄一个两岁多的小女孩回家，小女孩哭着耍赖："我不回家，我要去超市买甜甜圈。"

"这会儿我们要回家了，明天我们出来早一点，妈妈带你去买。"那位妈妈耐着性子哄孩子。

没想到小女孩听了妈妈的话，反而越哭越大声，那位妈妈见孩子不听话，就恐吓道："你要是再哭，我就走了啊。"妈妈说完就做出要走的样子，小女孩哭得更凶了。

小女孩见妈妈真的要走的样子，以为妈妈真的不要她了，赶紧追上去抱住妈妈，嘴里还哭喊着："妈妈你别走，妈妈，我不哭了，你看，我都没有眼泪了。"

小女孩努力擦眼泪的样子，让人心疼极了。

威胁恐吓孩子并不能解决问题，反而会制造出新的问题。孩子并没有辨别的能力，当爸爸妈妈说"不要你了"这句话时，孩子就会当真，他的内心会感到极度的恐慌，从而陷入自我怀疑中，认为父母不爱自己，所以才不想要自己了，孩子幼小的心灵会因此受到一些伤害。如果这样长久下去，会使孩子养成怯懦的性格。孩子做什么都要看别人的脸色，会变得胆小怕事。

当然，这种伤害也有可能是暂时的，因为孩子很快就会发现父母并不会真的不要自己，这个世界上也没有大灰狼。渐渐地，孩子就不会再相信父母那些威胁的话语了，该哭闹的时候依然会哭闹，那些威胁的话也不起任何作用了，于是再也没有什么事情会让他们害怕，这样的孩子也会变得越来越难管教。

威胁恐吓孩子并不能解决问题，我们不如换一种表达方式，好言相劝，耐心引导，你会发现这样的管教方式的效果明显要好很多。

那么，日常生活中，我们应该如何跟孩子沟通呢?

1.语气温和

在与孩子交流的时候，大多数父母喜欢摆出一副严厉的样子，语气冷冰冰的，态度也是居高临下的，想以此来树立自己的威信。其实，没有人喜欢被人呼来喝去，粗暴的语气只会让孩子产生抗拒，孩子自然也不会好好听你说话了。所以，在日常生活中，我们尽量用商量的语气跟孩子说话。

比如，当你要为孩子做出某项安排或决定时，不妨先听听孩子的想法，用商量的语气说："宝贝，你看这样做可以吗？"或者说："宝贝，你还有什么更好的想法吗？"如此，不但能让孩子乐于接受你的意见，还能培养孩子思考问题、解决问题的能力。

2.平等尊重

任何人都需要被尊重，孩子也一样，沟通的前提就是平等尊重。如果我们在与孩子交流的时候能够把尊重放在首位，你会收到意想不到的效果。

比如，你要求孩子关掉电视，早点睡觉，而孩子却说不想睡觉，还要看电视。这时，如果我们不尊重孩子的意愿，强硬地关掉电视，孩子肯定会用哭闹来回敬你，一来二去，估计一个小时事情都不会完，这样不但达不到让孩子早睡的目的，还会让双方都处于不愉快的氛围中。

如果你换一种方式说："那好吧，妈妈再陪着你看十分钟，十分钟之后宝宝就要自己关上电视哦。"孩子充分地感受到来自父母的尊重后，相信他也会很容易接受父母的意见，并信守承诺。

04.顺从可能是退缩的开始

有一次在街上闲逛，被一个舞蹈培训学校的老师硬拉进去观摩教学。想着女儿以后说不定会喜欢舞蹈，提前了解也不错，于是我就在教室里认真地听完了一节课。

听完课，出来的时候碰到一个妈妈带着一个五六岁的小男孩，我在无意中听到了他们的对话。

“儿子，你看，那些跳舞的哥哥姐姐是不是特美特帅？妈妈也给你报名，你也来学习舞蹈吧！”妈妈说道。

小男孩耷拉着眼皮，嘟着嘴说道：“我都说我不喜欢跳舞了，你硬要我学，我只喜欢做架子鼓，不喜欢跳舞。”

他妈妈急了，声音提高了几分贝：“架子鼓有什么用，像个二流子一样，跳舞多好啊，能锻炼身段儿，又能提高气质。”

小男孩不说话了，他妈妈沉默了一会儿说道：“如果你不学舞蹈，妈妈会很生气的，妈妈如果不高兴了，就没有心情给你买零食了。如果你去学跳舞，妈妈就会很开心，妈妈开心了，你就有好多好多的零食了。”

小男孩一听急了，大声哭了起来："我不想跳舞，我要吃巧克力，还要冰激凌。"小男孩哭得越来越大声，她妈妈对周围的人投去抱歉的目光，然后强硬地把他拉到了咨询室。妈妈在问老师学费多少，也不管孩子挂在脸上的眼泪，便强行给孩子报了名。

那个男孩最终放弃了反抗，但是他的脸上没有一丝笑容，看起来很不开心。

让孩子快乐地成长，才是家庭教育的宗旨。就算想培养他对某一方面的兴趣，也要从开心快乐的角度去鼓励他接受，而不是对他说："你这样做，妈妈才会开心。"或者说："你照妈妈说的做，妈妈给你买好吃的。"这样的说法给孩子传递的信息就是——你要这样做来取悦我。

要知道，幼儿时期，妈妈和零食对孩子来说就是整个世界，妈妈的开心、好吃的零食对一个孩子来说非常重要。孩子希望妈妈开心，希望天天有好吃的，所以就放弃了自己的选择权，默默地任父母摆布，你让我干吗，我照着做就是了。

"我不给你买好吃的"，用这些强迫的手段去逼孩子做你开心的事情，对孩子是最大的伤害。这就意味着，他需要用他的快乐，来换取妈妈的快乐。如果你的孩子凡事都听你的安排，很听你的话，别得意得太早，这并不是一件好事。或许，他的顺从，就是他退缩的开始。

强势父母造就弱势孩子，这并不是危言耸听。性格太强势的父母，喜欢把自己的意愿强加在孩子身上，渐渐地，孩子就会变得非常顺从，这种顺从并不是乖巧，而是性格软弱的表现。

家庭教育专家指出：家庭是孩子最好的学校，对孩子影响最大的不是老师，而是父母，一个人的道德品质、生活习惯、兴趣爱好、性格等主要来自家庭的影响。所以，健康和谐的亲子关系尤其重要。那么，我们要如何与孩子建立亲密的关系呢？

1.真正倾听孩子的心声

孩子不愿意对父母打开心扉，与父母亲密无间，其根本原因就是父母之前的行为太过武断，父母不愿意倾听孩子的心声。大多数父母在面对孩子的困扰之时，喜欢说教，不爱倾听，这会给孩子你不能理解他、包容他、认同他的错觉，他感受不到父母的尊重和理解，当然就不愿意向父母寻求帮助，倾诉委屈了。如果父母能够坐下来，认真倾听孩子的心声，适当地给予他关怀和安慰，信心孩子也会跟你越来越亲密。

2.多和孩子聊天，加强与孩子的沟通和交流

家长无论多忙，都要抽出时间陪孩子说说话，交流多了，感情也就深了。

我一直认为睡前与孩子聊天非常重要，把读睡前故事的时间分几分钟来回顾一下今天的生活，让孩子聊聊自己的感受，表扬孩子做得棒的地方，委婉地指出孩子做得不对的地方，并告诉孩子下次遇见同样的问题应该怎么做……这样的教育是用聊天的方式进行的，

并且处于轻松愉悦的氛围中，孩子很容易接受，也会更加信赖自己的父母。

3.学会表达爱

“爸爸妈妈，如果你们爱我，就多多地亲亲我，如果你们爱我，就多多地抱抱我……”前几年很火的一首儿歌，每一个孩子都渴望爱，渴望妈妈温暖的怀抱、爸爸宽厚的肩膀，拥抱和亲吻能让孩子产生强烈的幸福感和安全感。这些情感得到充分满足，才会让孩子成为一个积极向上、勇敢乐观的人。

中国父母的爱都是含蓄的、羞于表达的，但是要想与孩子建立良好的亲子关系，做父母的最好不要太过矜持。在与孩子相处的时候，我们不要羞于表达自己的爱，多多地抱抱孩子，多多地亲亲孩子，用无声的语言，让孩子感受到来自父母的爱。

05.会看脸色不是一件好事

过年的时候，几家亲戚一起聚餐，大人小孩坐了一大桌。

六岁的朵朵是一个堂姐的女儿，小女孩长得漂亮，又很乖巧。与其他孩子的淘气不同，朵朵在整个吃饭过程中都小心翼翼的，生怕将汤汤水水洒在身上。如果不小心将菜掉在桌子上，她会赶紧看一看妈妈的脸上，见妈妈没有生气，才如释重负地继续吃饭。

有其他大人将远点的菜品递到她面前，她看了一眼妈妈，羞涩地摇了摇头，小声地说不要。其实，从她的眼神可以看出来，那是她爱吃的菜……和一帮小孩子比起来，朵朵太懂规矩了。

一旁的其他父母见到朵朵小大人的乖巧模样，都交口称赞：“这孩子真乖巧懂事，我家那捣蛋鬼和她比起来简直是天与地的差别。”夸赞完朵朵，还不忘对自家那个只会埋头吃饭，啥也不懂的孩子来一句：“你看看人家多懂事，多跟人家学学。”

堂姐看到女儿得到大家的一致好评，也面露得意色，滔滔不绝地说起自己的育儿经：就得从小立规矩……孩子就要怕一个人才行……总之，就是大人必须立威，这样才能训练出一个懂得察言观色、守规矩的好孩子。

在大人眼里，孩子会察言观色是聪明的表现，是能够在社会上立足的本事，大多数父母看到自己的孩子变成一个“小人精”都会很高兴，却忘了孩子本来的样子，孩子本来就应该是淘气的，纯真无瑕的，童言无忌的。

孩子过早地学会看别人的脸色并不是好事，一味讨好别人的孩子是想要通过委屈自己的方式获得别人的认同，这样会导致孩子在生活中做事畏缩犹豫，不敢表达自己内心的真实需求和想法，这对孩子以后的工作和生活都是极其不利的。

在人际交往中，处处讨好别人的那个人事实上往往最容易被遗忘、被忽视，长期忽略自己的需求，会让别人觉得你没有需求。在工作中，一个人如果做事畏缩犹豫，会给人没有自信、工作能力低下的感觉，职场升迁往往与这种人无缘。

是什么原因让孩子早早就学会看人脸色，形成讨好别人的行为模式的呢？

1.父母性格的影响

孩子是在模仿中成长的，如果父母本身是讨好型的人，孩子会在潜移默化中模仿父母的言行举止、行事风格，渐渐地就会和父母一样变成讨好别人的人。

2.家长过于强势

过于强势的父母对孩子会严格控制，要求孩子对自己绝对服从，不允许孩子表达自己的想法和需求，长期如此，孩子的个性就会被限制，变成一个畏缩犹豫、没有主见的人。

作为家长，都不希望自己的孩子变成一个看人脸色、处处讨好别人的人，那么，我们要怎样才能避免让孩子变成一个讨好型人格的人呢？

1.给予孩子自由的发言权，给孩子一个轻松、有爱的生长环境

教育孩子的目的是让孩子健康、快乐地成长为一个人格健全的人。孩子虽小，却是一个有独立思想、有情感需要的人，他有自己的想法和意见，父母不能剥夺孩子的自由发言权，让孩子无条件地服从自己。

只有平等尊重的亲子关系，才能让孩子感受到来自父母的爱，当孩子明白父母是爱自己的，他也就没有必要委屈自己去取悦父母了。所以，给孩子一个轻松有爱的成长环境，孩子才会做一个敢于表达自己内心真实需求，不讨好别人的人。

2.让孩子发现自己的优点，帮助孩子建立自信

善于发现孩子的优点，并适当地给予赞扬和鼓励，帮助孩子建立自信。不自信的孩子胆小、怯懦，往往需要他人的肯定才能建立自信，所以他们就习惯通过讨好别人来获得别人的认可。而自信的孩子是积极的、主动的、活泼可爱的，这样的孩子内心非常强大，在他心中，自己才是主人，所以就不再需要通过讨好别人来获得别人的认同了。

3.教会孩子做一个不卑不亢的人

自卑的孩子天生更善于察言观色，敏感自卑的孩子在与人交往中往往表现出瞻前顾后、讨好别人的特点。所以家长在接人待物方面一定要教会孩子不卑不亢，互相尊重。在人际交往中，一个不卑不亢、不纠结的人肯定不会被人轻视忽略的，孩子也自然不会变成一个需要讨好别人的人。

06.自卑——我是一个坏孩子

小哲今年六岁了，白白的皮肤，大大的眼睛，长得非常可爱。健康漂亮的他不知道从什么时候起，变成了一个非常自卑的孩子。他觉得自己总是将事情搞砸，就像妈妈所说的一样，是个“坏孩子”。

最近，小哲开始拒绝上幼儿园，他说自己是班上最笨的学生，小朋友们都会的舞蹈动作他学不会，唱歌也总是忘记歌词，经常受到老师的批评和其他小朋友的嘲笑。现在，他非常讨厌幼儿园。

看到儿子拒绝上幼儿园，小哲的妈妈更是生气，恨铁不成钢地说：“我怎么生了你这么个没用的儿子。”

其实，小哲之所以变得如此自卑，与他妈妈有很大的关系。

小哲的爸爸常年出差，一年待在家的时间屈指可数，妈妈一个人在家照顾他。每天，妈妈把他送进幼儿园之后，又急急忙忙地去上班，疲于应付的妈妈常常因此而迟到，妈妈因为迟到而遭到领导的批评，于是心情不好的妈妈对小哲也经常没有好脸色，不是说他笨，就是指责他这儿不好、那儿不对，稍微做一点错事就会挨一顿板子。渐渐地，小哲的心理状态就出现了问题，小小年纪就形成了自卑心理。

作为家长，即使再忙再累再委屈，都不应该把压力释放在孩子身上，不把情绪带进家庭，才能给孩子一个健康快乐的成长环境。除此之外，平时要多关心孩子，关注孩子的情绪，假如孩子出现一些不健康的消极情绪，家长应该帮助他摆脱消极心理，找回自信。

心理学家在研究调查中发现，大约有75%的孩子有自卑心理，而且这些孩子之所以会自卑，很大一部分来自家庭的影响。可以这样说，孩子是自信还是自卑，基本上取决于家长平日里对孩子的评价是正面还是负面。

很多家长在生气的时候喜欢用失望的口吻给孩子下定义："你就这点出息，我看是指望不上你了。"对于家长而言，这句话只是一句无心之言，但是孩子会当真，长久以往，孩子的内心就会产生一种心理暗示，"我不行"，或者是"我是一个坏孩子"。因此，父母要给予孩子足够的鼓励，这样才会让孩子对自己充满信心。

那么，如何让孩子摆脱自卑心理，重获自信呢？可以参考下面几个方法。

1.不要随便给孩子下定义

"你怎么这么笨，你就是一个没用的人。""你总是将东西弄坏，你就是故意的，你是一个坏孩子。"家长任何嘲笑、责骂的话语，都会让孩子幼小的心灵受到伤害。孩子没有辨别是非的能力，他觉得父母说什么就是什么，既然你说我什么都不行，我肯定就什么都不行，所以，尽量不要跟孩子说伤他自尊的话。

2.增加孩子的见识

当孩子在小伙伴中侃侃而谈自己所见的山水、遇到的动物、发现的植物，对地理、人物、各种典故如数家珍之时，你会发现你的孩子会自信到自带光芒。所以，有时间就多带孩子去旅游，多给孩子读书，多给孩子讲讲历史典故，孩子的见识广了，能说的就多了，自卑感也就不见了。

3.满足孩子的价值感和归属感

孩子的首要目标是追求归属感和价值感，所以，我们要让孩子感觉到自己被需要。适当地让孩子帮我们做一些力所能及的家务，并适时地给予赞扬，可以满足孩子的归属感和价值感，对培养孩子的自信心也非常重要。

4.教会孩子自己作决定

生活中，一些控制型父母喜欢替孩子作决定，当孩子一直被父母控制，不能按照自己的意愿去做任何事的时候，时间一长，就会产生自卑和逆反的心理。所以，作为父母，我们要适度地给孩子选择的机会，让他自己安排自己的生活，自己作决定，让孩子变成一个有主见的人，孩子也会越来越自信。

5.宽容让孩子更自信

再一次强调，对孩子应该宽容一点。当孩子做错事或遇到挫折，父母的宽容谅解往往能够给孩子很大的宽慰和鼓励，更能给孩子一个思考和反省的空间，如此，孩子才能敢于冒险、敢于犯错，成为一个积极自信的人。

第 4 章

良性暗示：有效地运用鼓励

01.孩子需要被肯定

一个年轻的妈妈带着女儿在草坪上玩，女儿很喜欢草坪上的树叶，于是捡了一枚红色的树叶，高兴地拿给妈妈看："妈妈，你看我捡的树叶漂亮吧？"

"你为什么总喜欢捡树叶呢，这些树叶有什么好看的，还把手弄得脏兮兮的，赶紧洗手去。"妈妈瞟了一眼孩子手中的树叶，一边回答，一边继续盯着自己的手机。

孩子眼中的欣喜瞬间就没有了，很不高兴地将手中的树叶扔掉，然后跟着妈妈一起去洗手了。这位妈妈也许并不知道，自己刚才的做法已经打消了孩子的积极性，可能孩子从此以后都不会有积极探索的兴趣了。

假如这位妈妈当时这样回答女儿："哦，真的很美呢，形状颜色我都很喜欢，宝贝，你真有眼光，可以把它送给我当书签吗？"相信孩子听了妈妈的话一定会满心欢喜，更加积极地去探索新的事物。

当孩子得到大人的肯定，他就会对自己更加充满信心。父母常常用肯定的语气鼓励孩子，让孩子获得成就感，孩子就会更加积极向上。

哲学家詹姆士说过这样一句话：“人类本质中最殷切的要求是渴望被肯定。”纯真无邪的孩子更是如此。孩子在成长过程中，父母的鼓励和赞扬就是不可缺少的养料，那些常常获得肯定和赞扬的孩子，努力进取的积极性更高，他们的自觉能力更强，更有毅力去坚持做一件事，从而更好地发挥自己的潜能。

堂哥家的孩子比比才六岁，钢琴已经学了快两年，他不但喜欢弹钢琴，还弹得非常好。堂嫂告诉我，比比虽然平时淘气，但是只要坐到钢琴前，就能瞬间安静下来。学钢琴以来，他每天都会练习两个小时，从没有喊过累。

“看得出来，比比是真的喜欢弹钢琴，他很享受音乐给他带来的快乐，但是对于几岁的孩子来说，坚持做一件事很难，你是怎么让他把这种喜欢坚持下去的呢？”我好奇地问堂嫂。

堂嫂淡淡一笑，然后说道：“我并没有刻意培养他对钢琴的兴趣，是他自己喜欢弹。其实，比比第一次弹给我听的时候，我真的想捂住自己的耳朵，但是为了不浇灭他的热情，我违心地说：‘我家比比真会弹钢琴了呢，你真棒！’得到我的夸奖之后，比比对钢琴的兴趣就更强烈了，慢慢地就越弹越好了。虽然我不会弹钢琴，甚至连乐谱都看不懂，但是我觉得应该欣赏孩子。现在，每当比比弹琴的时候，不论琴声是否优美，我都会发自内心地对他说：‘你今天比昨天弹得更好了。’就这样，我成了比比最忠实的‘粉丝’。每当看到我陶醉在他弹奏的琴声中，他总是信心满满地投入枯燥的钢琴练习中……”

堂嫂并没有刻意培养孩子的兴趣，也没有逼迫孩子每天练习钢琴，她只是做了孩子的“啦啦队”，适时地拍手叫好，结果就成为孩子取得成功的一大助力。事实证明，孩子都喜欢被表扬、被肯定，希望自己能够得到别人的夸奖和赞扬，如果孩子对某一项活动产生兴趣，家长适时地给予孩子适当的肯定态度，是对孩子最好的鼓励。

我们不妨想象一下，当比比第一次弹奏钢琴的时候，堂嫂听到不堪入耳的琴声，捂住自己的耳朵说：“你这都弹的什么啊，太难听了，赶紧住手。”那么，比比还会这么积极主动地练习钢琴吗？

假如孩子画了一幅画给你看，尽管他的那幅画有点糟糕，而且此时的你也有自己的事情在忙，但是你依然要抽出几分钟来欣赏孩子的画作，并用真诚的语言去鼓励他：“画得真好，尤其是这山，看起来真是巍峨壮观，哇，这山顶的太阳只有一半，它是被山给吃掉了吗？这落日真的很逼真呢，我家宝贝真棒！”

这样的话语不但肯定了孩子的劳动成果，树立了孩子的自信心，还维护了孩子对画画的热情。我相信，有了家长的肯定，孩子会对画画更加感兴趣。

不管孩子是否有天赋，未来会不会成为某方面的大家，至少你的肯定和赞扬会让孩子能够更加深入地学习探究，而未来的各种可能性，就来自孩子不断地尝试，不断地历练。

他人的良好评价和赞扬可以让孩子获得成功的喜悦感，从而树立自信心，相信自己能取得更大的成功，在这种良性暗示下，孩子会更加努力。鼓励和肯定并不会花我们太多的时间和精力，却会带给孩子很多东西，它是一种能量，可以让人变得自尊、自信，更加积极向上，所以，作为父母，何乐而不为呢？

02.不要逼迫孩子表演才艺

和女儿一起在公园里玩，碰见一个被奶奶带着的小孙女也在那里玩耍。两个小女孩一见如故，没多久就成了好朋友，一起玩过家家。

孩子在一边玩，我和老太太寒暄。自从生了娃之后，我的朋友圈多了一伙老太太，和老太太聊起来竟然也没啥代沟。互相询问之下，发现两个孩子一般大。

“你家孩子会一些基本的表达吗？”老太太问。

“嗯，基本的需求都能表达了，还能跟我简单地聊聊天儿。”我回答。

“哦，那还不错。她会背诗吗？”老太太继续问。

“会背十几首，我没刻意教过，她想听的时候我就给她读几遍，渐渐地她就会了。”我老实地回答。

“哦，我家孙女也会。来，安娜，过来给阿姨背一首《咏鹅》。”老太太对孙女安娜招手，安娜看了我一眼，羞涩地低下头，就是不开口。

“安娜，愿意给阿姨背首诗吗？阿姨喜欢听人家背诗。”我露出慈母般的微笑，对安娜说道。

小女孩张了张口，却支支吾吾一个字都说不出来。我知道小女孩肯定会背，只是面对我这个陌生人，小女孩有点怯场，因为我女儿也老是这样，不愿意在陌生人面前表演。于是我摸着小女孩的头说道："阿姨知道你会背，只是你现在不愿意背，下次再见到阿姨，你就背给阿姨听，好吗？"

"好！"小女孩如获大赦，高兴地去玩了。

"妈妈，妈妈，我给你背，好不好。"女儿看见小女孩没有给我背诗，决定亲自满足我的"愿望"。

我看着女儿天真的样子，笑着说道："好啊！"

"鹅，鹅，鹅，曲项向天歌，白毛浮绿水，红掌拨青波。"女儿准确无误地将这首诗背了下来。

看到女儿给我背诗，本来已经不再纠结让孙女表演背诗的老太太又跟孙女较上了劲："安娜，奶奶对你太失望了，你看别的小朋友，背得多好。我看你啊，只会玩，其他的什么都不会。"

安娜小声地说道："我会！"

"你会，那你怎么一个字都说不出来？"老太太反问道。

"我家孩子也一样，平日里背得再好，你让她给别人表演，她就别扭，什么都说不出来了。"我赶紧打圆场。

"孩子就要不怯场才可以，一个人再有才华，一到台上就傻眼怎么行？在家表演给谁看啊？"老太太继续发表自己的观点。

奶奶的话深深地伤害了安娜的心，只见她含着泪望着自己的奶奶，用颤抖的声音，一字一顿地将《咏鹅》背了出来。

安娜背完，我赶紧拍手鼓掌，我女儿也跟着拍手叫好，老太太这才眉开眼笑起来。

但是，我完全看不出安娜内心的“成就感”，虽然她一字不差地将诗背了出来，但是她没有自我满足感，而是满满的屈辱感。

害羞是人正常的情感表现，每个人都有过胆怯害羞的经历，对于害羞的孩子来说，被逼着在陌生人面前表演，还被家长要求做到自然大方，真的会让孩子感觉到很无助。当孩子发现自己做不到家长所要求的事，更会觉得自己在这方面不如别人，从而产生自卑心理。

大多数家长都喜欢在公众场合要求孩子表演节目，一是想锻炼孩子的胆量，二是想得到别人的夸奖，满足家长的虚荣心。但是，除了特别活泼外向的孩子，大部分孩子都不会喜欢在陌生人面前表演节目。可是，大人可不管孩子是何原因拒绝合作，只要孩子拒绝大人的要求，大人就喜欢给孩子贴上“害羞”“内向”的标签，这对孩子是极其不尊重的。

所以，作为孩子的监护人，为了孩子的身心健康，请尊重孩子的意愿。如果孩子演得起劲儿，大人可以尽管乐呵，这样才算得上其乐融融。如果孩子不愿意表演，大人千万不要威逼，被迫表演节目，只会让孩子尴尬难堪。

那么，假如逢年过节，或者酒桌聚会，遭遇亲友要求孩子表演节目，作为父母，我们应该怎么办呢？

1.征求孩子的意见，适度展示

遇到亲友要求孩子表演节目的情况，不管孩子大小，大人都要尊重孩子的意愿。如果孩子愿意表演，可以选一些孩子擅长的适度展示，达到活跃气氛的目的。假如孩子不愿意，父母应该表明，孩子大了，有自己的想法，不喜欢被关注，希望大人能给孩子一个自由的空间。

2.事先做好准备，让孩子学会自己处理

有时候，孩子羞于表达是担心自己表现不好，害怕自己的缺点暴露在众人面前，这是一种自我保护心理。父母可以在参加这些聚会之前，让孩子做一些准备，让孩子在面对这些情况的时候能够更加从容不迫。经历得多了，孩子就能综合考虑各种情况，作出自己的选择，这对孩子今后的人际交往有极大的帮助。

3.父母要学会拒绝，保护孩子的自尊

父母千万不要为了自己的面子，牺牲孩子的自尊。在大人面前，孩子是相对弱势的群体，如果孩子已经明确表示出排斥亲友“娱乐”自己的行为，亲友还在继续这种行为，家长应委婉地制止，实在不行，就找个理由带孩子远离。

03.“别人家的孩子”要不得

“从小我就有个夙敌叫‘别人家的孩子’。这个孩子从来不玩游戏，不聊QQ，不喜欢逛街，天天就知道学习。长得好看，又听话又温顺，回回年级第一。还有个有钱又正儿八经的男/女友。研究生和公务员都考上了，一个月工资7000元。会做饭，会家务，会八门外语。上学在外地一个月只要400元生活费还嫌多……”

2011年2月，一篇名为《别人家的孩子》的帖子在网上“走红”，网友们纷纷响应“别人家的孩子”是自己的“夙敌”，因为自己一路就是被父母与“别人家的孩子”对比着长大的。这则广泛流传于网络的热帖引发众多网友的共鸣，在新浪微博上，关于“别人家的孩子”的微博就有16000多条，并且衍生出不同的版本。

中国人喜欢比较，读书时候比成绩，工作了比职业，结婚了比对象，生娃了比孩子……似乎，一切幸福感都来自比较。

现在的父母更是夸张，孩子从生下来就开始比，比头围大小，比体重身高，大一点就比长了几颗牙，会不会说话了，多大开始走路，再大点就开始比背了几首唐诗，会不会唱儿歌，舞蹈跳得好不好，钢琴考了多少级，上学了就开始比成绩……工作了，生娃了，新一轮的比较又开始，周而复始，生生不息。

拿孩子与别人家孩子做比较不是一个好习惯，但是我们都会在不经意间这样做。比如，当孩子不好好吃饭的时候，我们会这样说，你看，张阿姨家的孩子，多乖，比你还小点就自己乖乖吃饭，还不挑食。当孩子把手弄得脏兮兮的时候，我们会这样说，你又把自己弄得浑身脏兮兮的，你看那个小姐姐，人家像不像你这样不爱干净？当孩子在外面玩得很晚还不想回家的时候，我们会这样说，你看隔壁家的孩子多乖，妈妈让回家就回家了，哪像你，还要赖哭闹……

其实，我们在教育孩子的时候，完全可以不要强调“别人家的孩子”，只要告诉孩子正确的做法就可以了，但是我们似乎总是本末倒置。

为什么我们都喜欢用比较的方式教育孩子呢？其实并不是“别人家的孩子”在我们心中有多优秀，而是我们希望通过比较，让孩子认识到自己的缺点，从而改正自己的不良行为，成为一个与别人家的孩子同样优秀的人。

我们的出发点虽然是为了孩子好，结果却给孩子造成了巨大的伤害。家长经常拿孩子的缺点和别人的优点做比较，容易让孩子产生一种自己什么都不行的错觉。这对孩子来说不是激励，而是羞辱。长此以往，不但无法激发孩子的积极性，还会让孩子越来越自卑。

任何人都有自尊，孩子更是如此，家长应该注意，在家庭教育中切不可老提别人家的孩子。鉴于此，各作为父母我们应该努力做到以下几点。

1.接纳孩子之间的个体差异

世界上没有完全相同的两片树叶，也没有完全相同的两个人。有的孩子长得快，有的孩子长得慢；有的孩子吃不胖，有的孩子喝水都长肉；有的孩子天资聪颖，有的孩子迟迟不开窍；有的孩子顽皮好动，有的孩子文静乖巧……作为父母，应该接纳孩子之间的个体差异，要明白孩子个性的形成往往开始于与别人的差异，但差异并不等于差距。父母应该尊重这种差异，根据孩子的特点，给予正确的引导，帮助孩子取长补短，让孩子越来越优秀。

2.用欣赏的眼光看待孩子

生活中很多家长不懂得尊重孩子的个体差异，总喜欢拿自己孩子的缺点和别人家孩子的优点相比，这种做法无异于拿别人的优点来羞辱孩子，这样不但会伤了孩子的自信心，还会让孩子误认为父母喜欢别人家的孩子，不喜欢自己。如此，孩子的内心会十分惶恐，严重缺乏安全感的孩子会变得越来越焦虑，甚至会产生被遗弃的感觉。

所以，作为父母，为了孩子的健康成长，请不要再拿别人家的孩子和自己的孩子比。我们要用欣赏的眼光看待孩子，让孩子知道他在我们心中永远是最棒的，不管什么时候，发生什么事，父母都无条件地爱着他。

3.孩子成长的路上，父母更应该修炼的是自己的耐心

当孩子与其他孩子出现差异时，父母千万不要着急，不要拔苗助长。

要知道，孩子就像花朵，花期有长有短，有早有晚，作为父母，我们不要艳羡别人的鲜花已经怒放，我们的花还只是一个花骨朵。只要你精心守护这朵花，总有一天，他会绚烂绽放，会让你感到骄傲的。

04.着眼于优点，而不是缺点

有一位育儿专家曾经做过这样一个实验：

他邀请一群中国孩子和一群外国孩子参与实验，他让孩子们做了一份测试题，然后让孩子们把各自的测试成绩拿回家给父母看。父母看过之后，外国孩子的父母有20%表示对孩子的成绩不满意，而中国孩子的父母却只有20%表示满意。

测试的真实成绩却令人意外：中国孩子的成绩要比外国孩子的成绩好。

为什么会出现这样奇怪的结果呢？专家研究发现，中国的父母在看待孩子、看待他人、看待世界时都习惯于用挑剔的眼光，而外国父母则习惯于用欣赏的眼光看待孩子、看待世界。

作为父母，都希望自己的孩子优秀，这是无可厚非的，但是尺有所短，寸有所长，我们要看到孩子的长处，不要总是将目光放在孩子的短处，否则，你只会越来越失望，孩子也会越来越自卑。

教育孩子不是一蹴而就的，每个孩子身上都有优点，我们要善于发现，正确引导。无论现在你孩子表现得多么“差劲”，你都不能对他失去信心。你对孩子的信心完全可以成就你的孩子。

戴夫·马修斯是美国的一位著名摇滚歌手。戴夫在七八岁的时候就喜欢上了音乐，小小年纪的他就深深地迷恋上了“甲壳虫”乐队，他拥有的“甲壳虫”乐队的专辑和藏品足以令收藏家们自愧不如。

戴夫的父母很重视家庭教育，他的父亲认为温暖的家庭氛围是给孩子最好的礼物，所以他们家最神圣的时刻是晚餐时间，这是一段最特别的时光。每到晚餐时刻，家庭成员无论在做什么，无论有多忙，戴夫的父母都希望孩子们能和他们坐在一起愉快地吃晚餐。

一天晚上，戴夫和和往常一样与家人一起坐在餐桌前享用晚餐。不知道为什么，在这个特别时光里，年幼的戴夫不停地捣乱，把餐具弄得乒乓直响，他还故意荒腔走板地唱着歌，感觉像是要成心搅和这顿饭。

无疑，戴夫的行为惹恼了所有人，他们纷纷指责戴夫。但是，面对戴夫的不良行为，父亲并没有生气，他看了一会儿戴夫，突然笑了，用高兴的口吻对戴夫的母亲说道：“你看，我们戴夫都会唱走调的歌了，这孩子真棒，以后肯定很会唱歌。”

听到父亲的话，戴夫非常高兴，因为以前从来没人赞美过他唱歌唱得好，他心中充满了自豪感。戴夫停止了他的捣蛋行为，晚餐静静地继续下去。

戴夫一边安静地吃着饭，一边想着父亲的这句话，他在心里下定了决心：以后，我不再唱走调的歌了，我要好好地唱歌，听到更多人的赞美。从那之后，一切对戴夫来说似乎都不同了。因为他知道了一件非常重要的事情：他很会唱歌。

不久之后，戴夫的父亲就因病去世了，戴夫一直没有忘记父亲的话："你看，我们戴夫都会唱走调的歌了，这孩子真棒，以后肯定很会唱歌。"在这句话的鼓励下，戴夫开始学习五线谱，并试着在客厅演奏音乐。

一段时间之后，戴夫开始想到，除了自己家的客厅之外，他或许还可以在其他地方演奏音乐。他或许不仅可以欣赏音乐，而且可以把音乐作为事业。但他有点怀疑，他有舞台恐惧症，而且他怀疑玩音乐是一种荒唐和自我纵容的行为。

每当戴夫自我怀疑的时候，他就会想起父亲赞美自己的话。"我父亲说我很会唱歌。也许我不只是喜欢音乐，也许音乐就是我的生命。"他常常这样自我鼓励，正是因为父亲的那句鼓励，最终戴夫在音乐上取得了非常卓越的成就。

也许，戴夫的父亲并没有想过让自己的孩子走上音乐的道路，但他的赞美和鼓励却起到改变戴夫一生的作用。在孩子身上，父母发自内心的赞美总会产生意想不到的效果。

任何人都渴望被承认、被接受，这是人类最本质的渴望，对孩子来说也是如此。中国的传统教育观念在我们心中还是根深蒂固，在父母看来，孩子不能夸，夸奖孩子容易让孩子骄傲，对孩子的缺点肯定是要严厉批评的，不批评怎么改？

在教育孩子的时候，大多数父母往往自动忽略孩子的优点，反而盯着孩子的缺点不放，大有“鸡蛋里挑骨头”的架势。这种错误的教育方式，往往给孩子一些消极的暗示，“我是没用的”“我不行”“我是个失败的家伙”等，久而久之，孩子就会越来越缺乏自信，害怕失败，不敢尝试新鲜事物，这样一来，孩子的无限可能也变成不可能了。

其实，有些时候不是孩子没有优点，而是父母对孩子的要求过高，导致孩子很难达到父母心中所定的优秀标准。孩子达不到父母的要求，处处受到父母的指责和批评，时间一长，孩子必然会否定自己，产生自卑心理。

要想把孩子培养成一个优秀的人，不要只关注他的缺点，应该多关注他的优点，并及时地给予赞赏，如此才能培养孩子的自信，维护孩子的自尊，让孩子向你期望的方向发展。

05.改善，而不是完美

六岁的鑫鑫活泼可爱，可就是不喜欢收拾，父母都管他叫“小邋遢”。

鑫鑫总是喜欢将玩过的玩具到处乱扔，床上、茶几上、沙发下面，只要你去找，总能看到他的玩具。他的生活用品也是扔得到处都是，地板上、卫生间，哪里都能看到他脱下的衣服、鞋子。有一次，鑫鑫的妈妈竟然在餐桌上看到他的臭袜子……

由于鑫鑫的这个坏习惯，不管妈妈把家里收拾多么再干净，他总是有本事在几分钟之内把一切弄得乱七八糟。爸爸妈妈每天都要上班，下班之后还要收拾鑫鑫的烂摊子，妈妈对鑫鑫的行为很不满，总是在收拾房间的时候喋喋不休地指责鑫鑫，但是鑫鑫没有一丝改变。

鑫鑫除了乱扔物品的习惯之外，并没有其他不良的行为。相反，鑫鑫天资极其聪颖，在幼儿园里学什么都很快，唐诗、儿歌听几遍就会背会唱，还是班上的小小主持人，基本上每周都会得到小红花。

这天，鑫鑫的手工作品又得了奖励，爸爸高兴地说：“鑫鑫的动手能力真强，真是越来越有出息了，要是你把乱扔东西的毛病改一改，就是一个更优秀的孩子了。”

“好的，爸爸，以后我再也不乱扔东西了。”鑫鑫显得兴奋极了，向爸爸保证道。

自那之后，鑫鑫乱扔东西的毛病改了很多，还开始自觉地学着整理物品，虽然他整理过后，妈妈还得帮着整理一遍。

“你看，孩子的毛病改了很多。”爸爸乐呵呵地跟妈妈说。

“你自己不收拾不知道，他的确改了许多，但是完全没有减轻我的工作量，你看他收拾得乱七八糟的。”妈妈反驳道。

“嘘，不要让孩子听见。”爸爸看了看在那边玩积木的鑫鑫，继续说道，“毛病不是一天养成的，也不是一天就能改变的，孩子在努力改正就值得表扬，你别想一口吃成大胖子。”

妈妈听了爸爸的话，也觉得自己操之过急，于是大声夸奖道：“鑫鑫不但在幼儿园表现良好，在家里也越来越整洁，越来越爱干净了，真是个乖孩子。”

鑫鑫还是第一次听妈妈夸他爱整洁，非常高兴，从此以后他的邋遢行为越来越少，他渐渐地变成了一个非常爱整洁的孩子。

在处理孩子的不良习惯上，鑫鑫的爸爸关注改善，而不是结果，从而促使鑫鑫越来越规范自己的行为，养成了爱整洁的良好习惯。

家长在教育孩子的时候千万不要追求完美，完美是一个极其不现实的期待。假如家长要求孩子做到尽善尽美，孩子可能更加愿意不做任何改变，因为他知道自己怎么努力也永远达不到大人的要求。

追求完美会让孩子陷入沮丧中，那种挫折感往往会打击孩子的积极性。要想让孩子把不良习惯转向积极的良好习惯，家长要以改善为目标，而不是苛求完美，承认孩子的进步，激励孩子做得更好。

闺密丹丹找我诉苦："我产假快到了，打算让我妈来帮我带孩子，但是我感觉跟我妈合不来，不管妈妈说什么我都不由自主地反驳，你说，我该怎么办？"

丹丹说，她知道妈妈很多事情是为了她好，但她就是做不到去接受妈妈的意见。

原来，丹丹小的时候，几乎没有得到过父母的肯定和赞扬。无论丹丹做什么，父母总是会否定她、质疑她，丹丹也曾为此十分痛苦。长大后的丹丹，觉得每一次面对父母的意见时，都像是经历一次对自我的全面否定，让她觉得难以接受。

很多家长在训斥孩子的时候，都喜欢尽可能地贬低孩子，甚至将其说得一文不值，当然没有人在怪责他人的时候还有闲暇回想他的优点，但是嘴上不说可以，心里可不要忘了孩子还有种种优点，当你学会关注孩子良好积极的一面时，对你和对孩子都会是一种鼓舞。即便孩子告诉你他做了一件错事，在批评之前，你至少应该鼓励他的诚实。

这个世界上没有绝对的完美，同样，无论多么糟糕的事都有值得肯定的一面。心理学家建议，多发现孩子在生活中良好的一面，并及时地给予鼓励，可以进一步强化孩子的良好行为，使孩子逐渐养成良好习惯。

06.重视孩子的每一个“为什么”

姐姐家的儿子是个话痨，惹得姐姐满腹牢骚：“每次带他出去玩，看到什么都要问，一个问题接着一个问题，十万个为什么把我搞得头昏脑涨。”

我笑着说道：“孩子喜欢问问题，是语言能力和思维能力快速发展的表现。孩子一天天长大，思维活动会日趋活跃，一切新鲜的东西都让他好奇，为了弄明白这些神秘的事物，孩子就会不停地问为什么。你可不能不耐烦。”

“可是，有的问题我也回答不上来啊。面对他这些稀奇古怪的问题，开始我也会认真细致地回答，后来他那些没完没了的问题我也不知道如何回答，我就开始不耐烦地敷衍他了。但是孩子虽然小，还真不好糊弄。”姐姐依然苦着脸。

“这样吧，回答得上来的就立即回答，回答不上来的你就老实地说你也不知道，需要跟他一起查阅资料才能知晓。与孩子一起寻找答案，孩子还能体会到解决问题的成就感。”我给她支招。

“好吧，我试试。”

后来姐姐跟我反馈，我说的方法非常有效，现在孩子依然喜欢问为什么，但是她再也不会感到烦躁了，因为无论孩子怎么问，她都知道如何回应孩子。

孩子渐渐长大，对周遭的事物充满好奇，都喜欢问父母“这是什么呀”“为什么呀”之类的问题。大多数父母都跟姐姐一样，开始还能耐心地回答孩子的问题，时间久了就会缺乏耐心，开始烦躁，面对孩子的提问，不予回答或者含糊其辞地敷衍。

在孩子的心中，父母是无所不知的，你给予孩子什么样的答案，孩子就对这个事物有怎样的认知，即使你的答案是错误的。所以，对于孩子提出的每个“为什么”，父母都应该重视，尽量给予正确的答案，不要向孩子传输错误讯息。

“我从哪儿来的？”这是孩子都喜欢问的问题。每当父母遇见这样的问题之时都不知道该如何回答，于是就会含糊其辞地敷衍孩子。很多父母喜欢说孩子是捡来的，我小时候就一度很执着地认为自己是从一座大桥下面捡来的，我会想象那座大桥是什么样子，父母是怎样遇见我的，甚至会偷偷哭：爸爸妈妈今天骂我了，是不是因为我是捡来的孩子？

这样的“谎言”，对孩子的身心发展是极其不利的。

还有的父母会顺口说：“一个男孩子亲了一个女孩子就会生小孩，你就是爸爸亲了妈妈之后生下的。”邻居家孩子就因为妈妈这样的回答产生了很大的困扰。

邻居家的孩子熙熙正在上幼儿园大班，在大家做游戏的时候，不小心被其他小朋友推了一下，他的嘴巴碰到了一个女同学莎莎的脸，他想到妈妈说的话，男孩亲了女孩就会有小宝宝，他害怕极了。

自那天之后，熙熙的情绪极其低落，只要看见莎莎，就会想到她大着肚子的样子，于是，熙熙每天都在不安中度过，原本活泼开朗的他开始心事重重。

妈妈发现了熙熙的变化，于是问闷闷不乐的熙熙："熙熙，你为什么变得不开心了呢？"熙熙默不作声。

妈妈又说："熙熙，你是妈妈最爱的宝贝，你有什么不能解决的事都可以告诉妈妈，妈妈会帮助你的。"

看到妈妈温柔的样子，熙熙"哇"的一声哭出来，然后扑到妈妈怀里，带着哭音问道："如果我做错了事，妈妈也不会责骂我吗？"

"是啊，妈妈怎么会骂你呢？你告诉妈妈，究竟发生了什么事。"妈妈以为熙熙真的发生了什么严重的事，心里也开始紧张起来。

"我，我那天不小心亲了莎莎，她有了小宝宝怎么办？"熙熙怯怯地说。

妈妈听了熙熙的话，哭笑不得，也对自己胡乱回答孩子的问题后悔不已。妈妈赶紧安慰熙熙，并认真地向熙熙解释生命是如何形成的，熙熙听完后才如释重负。

孩子喜欢问问题，是因为他有强烈的求知欲和探索欲，家长应该对自己的每一个解答负责，千万不要跟孩子打马虎眼，或者给孩子一个错误的答案。孩子对父母的回答深信不疑，你给予的任何敷衍的答案，都会被孩子当成真理。

另外，面对孩子的提问，父母如果敷衍应付，孩子是极其聪明敏感的，他能察觉到父母的态度。当他觉得自己的问题让父母感觉不耐烦，他就会认为问问题是个错误的行为，会惹得父母不高兴。久而久之，孩子就会失去提问的热情，甚至是压抑自己提问的冲动。孩子的问题少了，你的耳根也清静了，与此同时，孩子也失去了他的好奇心和求知欲。

面对孩子的十万个为什么，家长要认真回答，或者引导孩子自己寻找答案，让孩子感觉到提问是一件愉人悦己的事情，是一个正面的行为，如此，孩子才会热衷提问、热衷思考，从而提高孩子的观察力、想象力，以及创造力。

第5章

正面教育：“赢得”孩子VS“赢了”孩子

01.怎样赢得孩子的合作

孩子到了两三岁的时候，就会出现“不听话”的现象：你让他乖乖吃饭，他偏偏到处乱跑；你让他早点睡觉，他偏偏精力旺盛，在床上跳来跳去；父母说东，他偏偏往西，还经常和父母顶嘴、说反话、发脾气……总之，不管大人让他干什么，他总是习惯性地拒绝，说什么话都爱加个“不”字。

通常情况下，面对孩子的“不听话”，控制型家长觉得孩子的行为不对，常常会不顾孩子的感受，强硬地制止孩子不听话的行为，要求孩子坚决执行自己的决定，这样做的结果只有一个，那就是孩子大哭大闹，家里鸡飞狗跳。

由于工作的原因，我们举家搬到上海，刚到上海的时候，也许是突然到了一个陌生的地方，女儿的秩序感被破坏，原本作息时间很好的女儿变成了夜猫子，有时候半夜了还精力旺盛，这让白天还要上班的爸爸非常恼火。

这天晚上，女儿又是深夜12点了还要我给她讲故事，在床上翻来覆去地睡不着。当我耐着性子给她讲完《白雪公主》，女儿更加兴奋得睡不着，然后开始了她的十万个为什么：

“妈妈，白雪公主的妈妈去了哪儿？”

“妈妈，七个小矮人没有爸爸妈妈吗？”

“妈妈……”

最后，我忍无可忍，一声大吼：“都几点了，快点给我睡觉！”

女儿见我吼她，大哭起来，我更加焦躁，说道：“你再哭我就打你屁股。”

这句威胁的话并没有起任何作用，女儿哭得更凶了，于是我扬起手，就要打女儿。就在我的手将要拍在女儿屁股上的时候，我决定改变我的态度，试试正面管教的方法，看看能否赢得女儿的合作。

于是，我深吸一口气，平复一下我的怒气，尽量用温柔的语气跟女儿说道：“我知道你现在还不想睡。”女儿抬起头来，狐疑地望着我的脸，我继续说道：“小时候，妈妈第一次去外婆家玩的时候，也是连续一周都兴奋得睡不着。我妈妈，也就是你外婆狠狠地打了我一顿，打得我可疼可疼了。”

“真的吗？妈妈你小时候也挨过打吗？”女儿停止了哭泣，感兴趣地问我。

“是啊，妈妈不听话的时候，你外婆也会打我。”我回答道。

“我只是睡不着。”女儿委屈地说。

“妈妈跟你一样，也只是睡不着，可是，大人第二天却有很多工作，他们需要休息。”我说道。

“妈妈，最后你睡着了吗？”女儿问。

“妈妈睡着了呀。妈妈闭上眼睛，闭上嘴巴，不一会儿就睡着了，你也可以试试。”我建议道。

“好。”女儿听从了我的建议，闭上眼睛，不再说话。不一会儿，女儿就睡着了。

我的目的就是让女儿停止哭泣，乖乖睡觉，最开始我的怒吼并没有达到目的，相反女儿心里更加抵触，不愿意合作。但是我转变态度之后，表达自己理解女儿的感受，并和女儿产生共情，女儿便愿意听我说话，最终赢得女儿的合作。

在整个过程中，我采取了四个步骤。

1.表达出对孩子感受的理解

细细思量，孩子为什么会不听话？究其原因，是我们忽略了孩子的感受，当我们表达出对孩子感受的理解，当然会获得孩子的信任和亲近。

2.与孩子产生共情

告诉孩子我们曾经也有过和她一样的经历，与之产生共情，并表达出对她的同情。但是这只意味着我们理解孩子的感受，并不代表这样的做法是对的。

3.表达出自己的感受

有了前面的基础，现在孩子基本愿意听我们说话了，这个时候，我们可以告诉孩子自己面对这一行为的感受，这样的行为会对别人产生什么样的困扰，给自己造成什么样的后果，指出孩子的错误。

4.让孩子关注于解决问题

引导孩子解决问题，并询问孩子如果再遇到这样的问题该怎么解决，如果孩子没有很好的办法，你可以提出一些建议，并得到孩子的认可。

总之，友善、理解和尊重的态度是赢得孩子合作的前提，任何妄图控制或操纵孩子的行为都会遭到孩子更加激烈的反抗。假如我们能转变自己的态度，先听听孩子的声音，让孩子感受到我们是理解他的，一旦他觉得自己被理解了，也就更容易接受我们的意见了。

02.不要“告诉”要“引导”

法国著名哲学家卢梭说过一句话：“三种对孩子不但无益反而有害的教育方法是：讲道理、发脾气、刻意感动。”

生活中，这三种教育方式都是家长经常用的，尤其是讲道理。当孩子不听话或者是做了不当行为之后，家长就开始讲道理了，一大通道理讲下来，直到听到孩子说“知道了”，方才罢休，然后心满意足地觉得自己是一个懂道理的父母。然而，这一大通道理孩子真的明白了吗？会起到怎样的效果呢？

到上海之后，我们租住在一个老旧的小区。到了新家，女儿见啥都感觉新奇，在卫生间里找恐龙，还喜欢把卧室的门关上，钻进衣柜里捉迷藏……突然有一天，我发现卧室的门上没有钥匙，这一发现让我直冒冷汗，假如孩子把自己反锁在卧室里，我在外面无法开门，她在里面无法出来，那该怎么办？

后怕不已的我开始给女儿讲道理：“宝宝，妈妈跟你说，你现在还小，不懂得怎么开反锁之后的门，如果你把门在里面关上，然后不小心将它反锁了，你在屋里打不开，妈妈在外面也没办法打开，那怎么办？"

"我把自己关在里面了，妈妈没办法救我。"女儿听了我的话，接着说道。

"是啊，宝宝真聪明，一下子就懂了。以后再也不要关门了，好不好？"我给女儿竖了个大拇指，并欣喜女儿一说就通。

"好的。"女儿痛快地答应了。

没想到，女儿刚刚答应我不再关门，却在我转身的瞬间就把门砰的一声关上了。

我生气极了，一把推开门，怒吼道："跟你说过多少次了，不要关门，你都当耳旁风了？你这孩子怎么就不懂道理呢？"

女儿眨巴着眼睛，无辜地说道："妈妈，你不要吼嘛，你是在开玩笑吗？"然后依然在那里玩门上的锁。

再大的怒气也在女儿软萌的声音中烟消云散，我一下子冷静下来，看到女儿可以轻易地够着门上的锁，还在那里拧来拧去，脑海里突然闪现出一个问题："我总是在强调女儿不要锁门，为什么我不教会她如何开门呢？"

我蹲下身子，抱住女儿说道："妈妈不吼你，来，妈妈教你如何开门好不好？"

"好！"女儿兴奋极了。

于是我先做了一遍示范，然后指导女儿向左拧是反锁，向右拧是开锁，女儿照着我说的做，一下子就学会了。我又让她反复试了几遍才真正放下心来。现在，我再也不会担心女儿将自己锁在屋里了，女儿也能畅快地玩耍了。

总是给女儿强调不要关上卧室的门，并一遍又一遍地告诉女儿把自己反锁起来的后果，并没有任何作用，与其苦口婆心地跟孩子讲道理，不如理解孩子爱玩的天性，有建设性地教会孩子面对问题、解决问题。

美国教育家杜威指出：“教育孩子并不是一件‘告知’与‘被告知’的事情，而是一个主动的、建设性的过程。”要使孩子懂道理，我们一方面要告诉孩子正确的道理，一方面要引导孩子在实践中获得经验，这才能从根本上解决问题。

那么具体来说，我们应该怎么做呢？

1.用具体的规则代替道理

我们只跟孩子讲道理，孩子有可能一只耳朵进，一只耳朵出，或者是嘴上答应，却不立即执行。所以，我们最好给孩子指定可执行的规则，让孩子按规则行事，如此，我们才能把道理转化成实际行动。

2.用讲故事或做游戏的方式代替讲道理

对于低龄儿童来说，那些说教式的大道理他们听不进，也听不懂。要想让孩子接收我们的大道理，最好的方式就是把道理贯穿在一些生动的故事，或者好玩的游戏中。当讲道理这条路行不通的时候，试着讲个故事给孩子，或者是陪孩子做一个有趣的游戏吧！

3.沟通不是一个人的事，要注意孩子的信息反馈

我们跟孩子沟通的时候，不要只顾着自己一个人在那里喋喋不休，还要顾及孩子的感受，注意孩子的信息反馈，否则，你说再多的道理都是白费口舌。

4.学会用商量的口吻跟孩子说话

父母与孩子的关系应该是平等、民主、互相尊重的。父母在与孩子沟通的时候，要改变居高临下的态度，学会尊重孩子，用商量的口气跟孩子说话，如此，许多对抗和矛盾都会迎刃而解。

03.当我们学会使用“建设性语言”

姐姐家在外地，我们平日里很少能相聚。我家到姐姐家的高铁开通之后，我们全家决定去姐姐家玩。那天，我们到姐姐家时，六岁的小外甥和奶奶去了超市，天快黑的时候才回来。

小外甥一进门，看见我们一家都来了，非常高兴。他一下子扑在我怀里，想要表示亲热。结果他刚把我抱住，就听见姐姐的呵斥：“不要人来疯，小姨坐了一整天的车，多累。”

他悻悻地从我身上下来，然后一眼就看见桌上放着我们带来的土特产，他好奇地走过去，刚要翻看是什么，却听见姐夫的声音：“不要把东西翻得到处都是。”小外甥只好缩回已经伸出的手。

他转了转头，看了看我们一家三口，看见坐在沙发上看电视的女儿，为了表示对这个小表妹的喜爱，他去卧室把他珍藏的玩具挖掘机、装载机一股脑地全搬到了小表妹的面前，显然，我女儿并不喜欢他的这些玩具，求助地望着我说：“妈妈，我不要这些东西。”

小外甥的奶奶看见了，赶紧说道：“妹妹不喜欢玩这些玩具，你赶紧放回去，现在不要玩。”

这时的小外甥非常沮丧，一连串的挫败让他不知道此时该如何是好。他瘫倒在沙发上，无聊地剥自己的指甲，然而他的这个举动引起了爸爸、妈妈、奶奶三个人的重视，只听见他们三个人同时制止道："不要剥指甲！"

在小外甥回到家的这段时间里，所有人都在告诉他"不要做什么"，没有一个人告诉他"需要做什么"，最终的结果是让孩子手足无措，不知道自己该怎么做。

生活中很多父母觉得孩子"不听话"，你让他不要干什么，他就偏要干什么。比如说你告诉孩子不要说话，你需要安静，孩子反而更爱说话，你让孩子不要打人，孩子反而更喜欢打人……那么，出现这样的情况是孩子故意在跟我们作对吗？显然不是！

"你不要""你不许"这些话语往往伴随着命令的口吻，任何人都不会喜欢被别人支配着干一件事，孩子也是一样，所以当我们告诉孩子"你不要"的时候，孩子会从心里抵触父母的这一要求。但是如果我们能把"你不要这样做"换成"你需要这样做"的时候，你会发现，效果完全不一样。

比如，已经到了睡觉的时间，孩子还在看电视，如果你简单粗暴地对孩子说"不要看电视了"，大多数孩子不会乖乖地关掉电视。假如我们这样说："宝宝，再看一分钟，我们就关掉电视去睡觉。"用和善的语气，明确地告诉孩子我们该做什么，这样的建设性语言，更容易赢得孩子的合作。

英国女王维多利亚小时候曾在德国接受教育，她在给友人的信中这样抱怨说："他们总在告诉我，作为一个可能继承王位的人，不应该这样，不允许那样。那么请问，有没有人告诉我，应该怎样做？我需要做些什么？”

“我需要做什么？”这正是所有孩子应该向家长提出的一个问题。作为父母，我们对孩子除了否定性的“不许做什么”之外，我们是否能建设性地引导孩子“应该怎么做”？

孩子是一个初生的、未经世事的婴幼儿，他来到这个完全陌生的世界，对一切事物都充满好奇。当这个小生命在探索这个世界的时候，总是会犯错。这个时候，父母作为他最亲近、最信任的人，应该鼓励他这种积极、勇敢的探索行为，并用自己丰富的人生阅历去正确地引导他，而不是冷眼旁观，或者是粗暴地用一个个“不许”“不要”来打击他、压制他。我们做任何事之前先问问自己：“我这样做，是给予孩子力量，还是在打消孩子的积极性？”所以，在与孩子的交流中，我们应该学会使用建设性语言。

那么，如何使用建设性语言呢？

其实做到使用建设性的语言并不难，只需时时留意，把平时常说的否定式语言变成肯定式语言即可，比如：当孩子把自己的玩具乱扔的时候，你把“不许乱扔东西”换成“玩具玩完后，要放会原处”；当家里来客人时，孩子变得有点“人来疯”，你把“不许没礼貌”换成“给叔叔阿姨问好，然后自己去玩”。

当父母把一切不许做的事，换成了可以做的事，对孩子来说会更容易接受父母的意见，这些建设性的话语，也能正确地引导孩子做正确的事。

04.批评不等于责难和羞辱

知道我在写关于儿童教育方面的文章时，我的一个朋友跟我分享了一件她和儿子之间的故事：

当我发现上幼儿园的儿子书包里多了几支水彩笔的时候，我决定与孩子谈一谈。于是我找了个没有人打扰的时候，把孩子抱在怀里，然后问道："儿子，你能告诉妈妈，你书包里的水彩笔是怎么来的吗？"

儿子低着头，不说话。这个时候，我基本可以确定儿子的水彩笔是偷来的。随后，我告诉孩子，我上幼儿园的时候曾经偷拿过别的小朋友的橡皮，我知道那样做很不应该，那个小朋友因为丢了心爱的橡皮而哭泣，所以我感觉非常愧疚。

"反正，晨晨（那个被偷的小朋友的名字）书包里有好多彩笔，好多好多，我都数不清。"儿子辩解道。我并没有立即反驳儿子的话，而是开始和他讨论假如晨晨发现自己的东西丢了，肯定会懊恼得想哭，或许为了买这盒彩笔，晨晨有可能花掉了他所有的零花钱，晨晨的妈妈也有可能会因为丢失水彩笔的事而责备晨晨。

儿子承认，他拿水彩笔的时候根本没有想那么多。接着，我还告诉儿子，我是多么不喜欢别人拿走自己的东西。最后儿子发自内心地说，他再也不会偷拿别人的东西了，他想立即将水彩笔还给晨晨。我表示非常支持儿子的想法，并且陪同儿子一起去晨晨家。

朋友最终能够让儿子真心悔悟，是因为她在指出儿子的不良行为之时，没有任何责难和羞辱，反而给儿子一种支持和理解的感觉，所以很容易地取得儿子的理解和配合，这就是批评的艺术性。

在家庭教育中，批评必不可少。批评不仅是一种教育手段，更是一种教育艺术。我们必须明白，批评的目的是促进孩子改正缺点和错误，而不是责难和羞辱。

随着社会的进步，家长的文化素质越来越高，大多数父母摈弃了“棍棒底下出孝子”的教育方式，但是“身体暴力”刚刚退出历史舞台，“语言暴力”又应运而生，打孩子的父母越来越少，用语言羞辱孩子的父母却越来越多。

事实上，语言暴力的杀伤力并不亚于身体暴力，大多数时候，将孩子毒打一顿，孩子只是疼一阵子，而羞辱和责难对孩子造成的伤害，也许一生都很难弥补。

那么，语言暴力对孩子的危害如此大，我们该如何避免呢？

1.不要错把羞辱当激将

辱骂孩子是最典型的语言暴力。比如，教孩子背一首诗，孩子总是在最后一句的时候卡壳，于是指着孩子的鼻子骂道：“你简直是一头蠢驴，三四句话都记不住。”再比如，孩子在玩球的时候，不小心把花瓶打碎了，妈妈破口大骂："你个不让人省心的东西，跟你说过多少次了别在家里踢球，你怎么就不长记性，你真是无可救药……"

家长辱骂孩子，大多是想让孩子变得更好，父母认为，用语言激将，会让孩子更加努力上进。殊不知，孩子的自尊、自信一旦被摧毁，是很难重建的，这样的教育方式不但不能让孩子幡然醒悟，还可能让孩子的羞耻心荡然无存。假如孩子抱着破罐子破摔的心态，要想往好的方向教育就更难了。

2.不要数落孩子的缺点

很多家长喜欢有意识无意识地数落孩子，不分场合，不分时间。比如，朋友来家里拜访，看到被孩子弄得乱糟糟的家，于是当着朋友的面开始数落孩子：邋里邋遢，乱扔物品，做事拖沓；在外面碰见熟人，父母让孩子打招呼，孩子害羞地躲在父母的身后，于是父母开始数落孩子：胆小内向，没有出息，不懂礼貌……如果家长天天将孩子的这些缺点挂在嘴边，孩子会真的以为自己一文不值，从而变得自卑消极。

3.学会尊重孩子

被尊重是人与生俱来的、最本能的需求，孩子也不例外。不揭孩子的短，不宣扬孩子的糗事，不当众批评孩子，是对孩子最基本的尊重。

比如孩子尿床了，这对孩子来说是非常难为情的事，父母如果把这件事当笑话说与人听，哪怕对于一个两三岁的小孩来说，这也是伤自尊的事。孩子的自尊心受到伤害，心理负担也会变大，在这种焦虑的状态下，孩子更加不能自如地控制自己的行为，很可能会再一次尿床。时间久了，孩子就会为自己的行为而感到羞耻，从而形成自卑心理。

05.对孩子，千万不要“哄”

我们常常教导孩子要讲诚信，但是大多数时候，我们最容易在孩子面前食言，很多父母都有言而无信、哄骗孩子的行为。

为了应付孩子的吵闹，我们会这样哄孩子：“宝宝别闹了，你只要乖乖的，妈妈一会儿给你买好吃的。”为了得到好吃的，孩子果真停止哭闹，乖乖地做一个好孩子。

但是，当妈妈忙完手中的事情，孩子天真地问妈妈要好吃的，妈妈却跟喝了忘川水一样，完全忘记了刚才的承诺，反而对孩子一通说教：“吃什么零食，好好吃饭才会身体好，零食里全是添加剂。”

明明答应第二天带孩子出去玩，但是到了第二天，被窝里实在太舒服了，不想起床，于是就跟孩子推托道：“妈妈今天有点累，明天吧！”

明日复明日，明日何其多，我们总是随便地把承诺变成随口说说。我们自己的承诺拒不履行，还怎么要求孩子做一个讲诚信的人？

曾子是春秋末年鲁国人，他十六岁拜孔子为师，勤奋好学的他颇得孔子真传。

一天，曾子的妻子梳洗完毕，准备去集市上买东西，但是他们的儿子却哭闹着要跟着母亲一起去，曾子的妻子不愿意让孩子跟着一起去，但是实在没有办法说服儿子，只好哄儿子说："你先回去，在家好好待着，等我从集市上回来了就杀猪给你吃。"孩子听了母亲的话，非常高兴地留在了家里。

曾子的妻子从集市上回来之后，发现曾子正磨刀霍霍，准备杀猪。妻子急忙劝阻道："我只不过跟孩子开个玩笑罢了，你又何必当真？"

曾子严肃地说："小孩不可以哄他玩的。小孩子不能明辨是非，是从父母那儿学来知识，听从父母的教诲。现在你如果哄骗他，就相当于教导小孩去哄骗他人。母亲哄骗小孩，过后他知道自己受骗了，就不会再相信他的母亲，这样一来，你还怎么教育孩子成才？"说完，曾子便把猪杀了煮给孩子吃。

曾子杀猪，看似为了妻子的一个玩笑，损失了一头猪，从教育孩子的长远利益看，却是大有好处，曾子是在用自己的行动教育孩子要言而有信，诚实待人。

也许，有的家长跟曾子的妻子一样不以为然，认为哄孩子只是权宜之计，不必当真。而事实上，教育孩子无小事，任何细节都要谨慎对待。孩子是在模仿中成长的，父母是孩子的第一个模仿对象，也是孩子的启蒙老师。父母的言行对子女的影响举足轻重，所以，明智的家长会在孩子面前处处以身作则，以培养孩子良好的道德品质。

福克斯在一次演讲中分享了一个自己的成长故事：

一次，福克斯在一所大学演讲，当时政坛上到处都是谎言，也因此让公民对政治并没有什么积极性，因为他们认为政治就是欺骗。

在这样的环境之下，有一个大学生问了福克斯一个问题："你在从政的道路上有没有撒过谎？"

"不，从来没有。"福克斯没有任何犹豫地回答。

听到这个答案，所有的听众都在下面窃窃私语，还有的不禁笑出了声，因为每一个政客都会这样毫无愧色地标榜自己的诚实。

面对众人的嘲笑，福克斯并没有生气，而是给大家讲了这样一个故事：有一位父亲在自己家的园子里面闲逛，觉得应该拆掉园中的那座旧亭子，他的儿子知道父亲的计划之后，要求父亲一定要等他回家之后再拆，因为他想看看父亲如何拆掉这座旧亭子。父亲答应了儿子的请求，但是并没有把这个承诺放在心上，他很快叫工人把旧亭子拆了。

不久，儿子从寄宿学校回来，他发现父亲已经拆掉了那座旧亭子，于是对父亲说："爸爸，您撒谎了。你说过要等我回家再拆亭子的，但是你没有遵守诺言。"

看到儿子失望的样子，父亲向儿子道了歉，并决定弥补自己的过失。于是，这位父亲找来工人，让他们在原来的地方重新造了一座一模一样的亭子，等亭子造好后，父亲当着儿子的面拆掉了新亭子。

讲完故事，福克斯缓缓说道："我认识这位父亲，他并不是一个富有的人，但是他为了不失信于孩子，为孩子重新拆一次亭子。"

“他的孩子在哪里？他应该是一个诚实的人，我想认识他。”刚才问问题的大学生问道。

“这个孩子就是我。”福克斯回答道，继而他高声说道，“我愿意像我父亲一样，遵守自己的诺言为你们拆一座亭子。”

他的话音刚落，台下响起了雷鸣般的掌声。

正如福克斯所言，他的一生都是以诚实和信用立身，正是这样的道德品质，使他从一个普通的推销员成为一个国家的总统。

现在的父母都比较重视孩子的教育，但是除了让孩子获得知识之外，我们还要注重培养孩子的道德品质。父母对孩子的行为习惯有着潜移默化的影响，这就要求我们在日常生活中做一个讲信用的人。如果父母总是许给孩子空头支票，孩子也很难成为一个一诺千金的人，所以，任何时候都不要“哄”孩子，答应孩子的事，请务必做到。

06.温柔而坚定，让孩子知道你的立场

女儿从出生起都是我一个人带，老公上班的地方离家很近，每天中午他都会回家吃午饭，每天我除了陪女儿玩耍之外，还有一个重要的事就是按时做饭。于是，做饭和陪女儿玩之间的冲突，就变成了我和女儿之间的主要矛盾。

那天早上，我又在厨房做饭，女儿走进来拉着我的手说："妈妈，我们出去玩吧，我想去荡秋千。"

"可是，我还要给爸爸做饭啊。"我回答道。

"我现在就想出去玩。"女儿噘着小嘴，坚持说。

"那你等我把饭做好了，爸爸回家吃完饭，妈妈就带你出去玩。"我说。

"妈妈，你先陪我出去玩，回来再做饭好不好？"女儿央求。

"还是你先陪妈妈做饭吧，等吃完饭，妈妈陪你出去玩。"我没有心软。

"妈妈先陪我玩，我再陪妈妈做饭。"女儿拉着小脸说。

"可是爸爸回家没有饭吃怎么办呢？爸爸下午还要上班，我们不

能让他饿着肚子上班啊。”我的语气依然温柔。

“晚一点吃不行吗？”女儿有一点松动。

“按时吃饭才能身体好啊！”我笑了笑，摸了一下女儿的头。

就这样，你一句我一句，最后女儿败下阵来，主动留在厨房给我帮忙。我给了女儿一头蒜，让她帮我剥，告诉她这样我就能早早做好饭，陪她出去玩了。于是，女儿安静地待在厨房剥蒜，再也没有吵着出去玩儿了。

在女儿的整个吵闹过程中，我都没有表现出一丝不耐烦，却一直坚持着自己的立场，不管她如何央求，我都坚定地不改变自己的决定。最终，女儿没有哭闹不止，我也达到了自己的目的。

可以说，与孩子的交往也是一场博弈，不是你进，就是我退，对于原则性的东西，父母一定要坚持到底，一时的心软放纵都是在娇惯孩子，不利于孩子的成长。

一位朋友跟我抱怨：“养娃真是自讨苦吃，最近我都快被我的娃折磨疯了，简直是身累心更累。”究其原因，原来是她儿子感冒都快一个星期了，一直不见好。孩子身体不舒服，就整天要让妈妈抱，假如妈妈把他放下来，他就哭闹不止。没办法，朋友只能干啥都抱着他，为此朋友感觉身心疲惫。

“给他吃药了吗？”我问道。

“说起吃药我就生气，每次只要看到药他就开始哭，嘴巴闭得紧紧的，一口都不吃。”朋友义愤填膺地说。

“那怎么办，感冒了不吃药怎么行？医生只能看病开药，可不管喂药的事，如果不吃药，再好的医生都没辙。”我说道。

“是啊，可是有什么办法呢，孩子还小，说什么都听不进去，就是不吃。那天实在没有办法了，我就想着强硬地给灌点药，可是看见孩子哭得撕心裂肺的样子，我的心就狠不下来，只好妥协，当着孩子的面把药倒掉。”朋友说完无奈地叹了口气。

哭闹就像孩子的“撒手锏”，很多父母面对孩子的哭闹，可能都跟我朋友一样，只有投降的份儿。可父母是否想过，如果我们一直妥协，虽然可以让孩子停止哭闹，但是无原则的退让对孩子的健康却是有害无益的。

对于孩子的无理要求，家长一定要坚定自己的立场，生病就要喝药，该遵守的家庭秩序一定要遵守，绝对不能因为孩子的哭闹而心软，也不能让孩子尝到哭闹的甜头，否则，孩子也会变成一个没有原则的人。

坚持原则并不仅限于大是大非，日常生活中的一些小事我们也应该坚持。正所谓“千里之堤，溃于蚁穴”，很多时候，一些大错的铸成都是由小错积累而成的，作为父母，如果从小不培养孩子的原则性，在孩子犯小错的时候不及时纠正和教育，很有可能将孩子推向犯罪的深渊。

在让孩子执行我们这一决定的过程中，我们一定要坚持两个原则，那就是态度温和、立场坚定。温和的态度是对孩子的尊重，坚定的立场是对事物本身的尊重。

第6章

爱而不娇：培养孩子的归属感和价值感

01.培养对自我能力的信心

1978年，美国一个心理学教授做了一项实验：

这位教授找来一群孩子，并给他们发了一些拼图玩具让孩子们玩，教授则在旁边观察孩子们的行为和情绪反应。

开始的时候，拼图比较简单，越到后来变得越难。伴随着拼图越来越难，有一些孩子开始抱怨："这个东西太麻烦了，一点都不好玩。"这些孩子坚持了没多久就放弃了，有些甚至暴躁地将拼图撒得一地都是。

在做实验之前教授早有预料，孩子在面临困难之时会有这样的反应，事实也证明确实如此。但是，令教授意想不到的是另一些孩子的反应。

一个10岁的小男孩看到难搞的拼图，拉过一把椅子，让自己保持一个舒服的姿势，然后搓着双手，咂吧着嘴巴，掩藏不住喜悦地说："我喜欢这个挑战！"看来他是准备打持久战了。另一个孩子也露出喜悦的表情，兴奋地对同伴说："你知道吗？我非常期待这个拼图，它一定是一个非常有意思的东西。"最终，这些孩子完成了拼图。

为什么两类孩子在面对困难时会有如此大的区别？是因为他们的智商存在差异吗？

显然不是，这与智商并没有多大的关系。教授在研究中更进一步地发现：这些孩子之间的根本差异在于思维模式，思维模式的差异会导致他们在智商方面出现分化。简单来说，是这些孩子看待自己的方式决定了最终的结果，也就是说，最终成功的孩子都是对自我极其肯定的孩子，他们相信自己的能力。

有人说："摧毁一个人非常简单，那就是不停地否定他，让他产生自我怀疑，最终，他将会变成他想象中的样子。"的确，一个人的自我肯定对其一生的发展都非常重要，无论是智力、体力，还是在做事情的能力上，自我肯定都起着举足轻重的作用。

那么，我们该如何培养孩子对自我能力的信心呢？

1.制造机会，让孩子体验成功

孩子对自我能力的信心，除了来自他人的良好评价外，还来自孩子的自我肯定。如果别人给予的鼓励再多，得不到自我肯定也不行。所以，家长在日常生活中要创造机会让孩子获得成功，从而加强孩子的自我肯定。

比如，给孩子安排一些任务，并协助孩子去完成，孩子在做任务的过程中，假如取得了意想不到的成果或者发现新的结果，孩子的内心就会对自己的能力产生一些满足感，从而产生自信心。这个时候，家长如果能及时地给予鼓励，更会强化这种自我肯定。你还可以教孩子学会自我鼓励，当孩子遇到困难正踌躇畏缩时，你不妨鼓励他自己对自己鼓劲："没关系的，你只要再做一次努力，就一定会做好的。"

2.制作"功劳簿"，奖励进步，强化自我肯定

强化自我肯定的方法有很多，你也可以让孩子为学会记录自己的优点或功劳，让孩子每天都总结一下自己今天做得很棒的事，用日记本记下来，会写字就写下来，不会写字就画出来。你要告诉孩子，所谓做得很棒的事，并不一定是很大的成功，任何小小进步，以及为这种进步所做出的任何小小努力，都有资格记在这个"功劳簿"上面。

为孩子准备一些小小的奖品，如贴纸、橡皮泥、毛绒玩具等，每当孩子做了一件值得鼓励的事，或者是一件令他自己感到自豪的事，他都有机会获得一个小小的奖励，这样会更加刺激孩子去做一些正面行为。

3.制订目标，让孩子准确认识自己

我们还可以协助孩子制定一些目标，通过这些目标，可以发现孩子对自己的认识是否存在偏差。当然，发现孩子的自我评价过高或过低的时候，我们不能擅自干扰，而要引导孩子进行自我分析，让孩子对自己有一个准确的认识，然后协助孩子进行自我调整，制订一个可执行的目标，如此，孩子的目标实现率就会提高，孩子对自我能力的信心也会提高。

4.鼓励孩子自我反省和自我评价

当孩子完成一件事，父母不要急于给予评价，而是鼓励孩子进行

自我评价，让他们谈谈对这件事的感受，看孩子是如何看待自己的行为的。还可以在睡前和孩子一起简单回顾一天的活动，让孩子进行自我反省，强化优点，改正缺点。

5.改变称赞的方式

称赞孩子一定要言之有物，不能只说："你真棒，妈妈太为你自豪了！"应该寻找值得赞许的具体理由，用赞许的语言鼓励他，比如说："你今天学会自己用筷子了，这真是一个巨大的进步。"

除此之外，我们还可以改变称赞的主语，强化自我肯定，比如把"你今天学会自己使用筷子了，妈妈觉得你真棒"改成"你今天学会使用筷子了，宝贝是不是也觉得自己很棒"。

值得提醒的是，任何事情过犹不及，自我肯定也要有度，这就和用药一样，再好的药一旦用得"霸道"了，非但起不了治病救人的效果，还会吃出新的毛病。因此，要培养孩子对自我能力的信心，也要让孩子对自己有一个正确的认识，如此，孩子才能发挥出自己最大的潜能。

02.孩子需要一点冒险精神

一直记得我小时候发生的一件事。

那是一个阳光明媚的日子，玩伴小琴骑着带有辅助轮的自行车从我家门口经过。

“前面的农田稻子刚收割完，一整片都是空地，我要去那里骑自行车，你要去吗？”小琴邀请我。

“我想去呢，可是我不会骑自行车啊！”我望着小琴的自行车，羡慕地回答道。

“没关系，我可以教你。”小琴笑着说。

“不行，妈妈说过，骑自行车会摔倒，很危险。”我依然很犹豫，摆了摆手。

“不会摔倒的，那片农田全是空地，最适合骑自行车了。”小琴继续说服我。

“那好吧！”

最终，我没有经受住自行车的诱惑，跟着小琴去了那片农田。小琴先骑着自行车沿着农田跑了一圈儿，然后扶着自行车让我骑。

因为是人生第一次骑自行车，我非常紧张，全身肌肉都绷紧了，坚持不到五秒钟，我就从车上摔了下来，弄得满身泥。

“你看，真的像妈妈说的那样，骑自行车会摔倒的，我还是不学了。”我开始打退堂鼓。

“我也不是第一次骑就会啊，我也是学了很久才会骑的。”小琴鼓励道。

我将信将疑地再一次骑了上去，但是依然很快就摔了下来，小手刚好碰到一个有棱角的石头上，手掌被擦伤了，还出现了一点点血丝。见血就晕的我哇的一声就哭了起来，小琴也顾不得让我学自行车了，赶紧陪着我回家。

回到家，不出意料，我被妈妈教训了一顿。从此以后，自行车在我心中变成了危险的代名词，我再也没有碰过自行车。

近几年，共享单车在各个城市如火如荼，看到别人都享受着时代进步带来的方便，我只能望洋兴叹。

假如回到家，妈妈没有训斥我，而是这样跟我说：“没关系，孩子，下次你就会骑自行车了。”我想，我一定还会做一些尝试。生活中，很多父母都跟我妈妈一样，出于安全考虑，限制孩子的诸多冒险行为。

比如，孩子想学游泳，父母会说，水火无情，太危险了，溺水了怎么办？孩子想为自己切一个水果，父母会说，快放下，它会把你的手割伤的……可是，怕孩子溺水，我们能永远控制住孩子，不让他去水边吗？怕刀伤害孩子，我们能永远不让孩子碰刀子，替孩子削一辈子水果吗？如果答案是否定的，那么你最好教孩子学会游泳，学会用刀。

孩子的成长道路上，危险无处不在，学习走路有摔倒的危险，喝水有被呛的危险，吃饭有被噎的危险……我们不能因为这些可能存在的风险，就让孩子不走路、不喝水、不吃饭……与其武断地拒绝孩子冒险，不如教孩子学会保护自己，为孩子提供一些安全保障，尽可能地将危险降到最低。

有位哲人说过：“幸运喜欢寻找勇敢的人，冒险是表现在人身上的一种勇气和魄力。”

探索未知的世界需要冒险。作为父母，应该鼓励孩子去冒险，让他们去探索世界、体验未知，如果不让孩子去冒险，孩子就不敢尝试新事物，那么孩子也就没有任何创造力可言了。没有创造力的人只能墨守成规，沿着别人的步履，庸碌一生。

那么，我们该如何培养孩子的冒险精神呢？

1.冒险不等于无法无天

首先，我们应该确立正确的观念，让孩子明白冒险不等于无法无天，对于违法犯罪、违背道德的事情要坚决扼杀在摇篮中，对未知世界的探索行为则应给予鼓励，总之，要做到既不扼杀孩子的冒险精神和创造精神，也不娇纵孩子的不良习惯。

2.放手让孩子做一些从未做过的事

探索未知世界是孩子的天性，对于一些从未做过的事孩子天生就充满好奇，在条件允许的前提下，我们应尽量放手让孩子去做。教育是引导，而不是约束，过多的包办和干预，会让孩子止步不前。

3.多带孩子走出去，开拓孩子的视野

“读万卷书，行万里路”，多带孩子去外面走走，让孩子认识大自然，探索这个斑斓多彩的世界，引导孩子认识不同的事物，增强孩子的见识，孩子的心胸广博了，才会有想要去冒险的愿望和勇气。比如坐井观天的青蛙，没有见识过江河湖海，它不会知道世界的辽远，还认为自己这一亩三分地就是整个世界。

03.做一个“懒惰”的妈妈

大学室友聚会，一群人围着已经两个孩子的大白取育儿经，大白谈起自己的儿子，颇为自得：“儿子一岁多就不让我喂饭了，每当吃饭的时候会自己关掉电视或者收好玩具，然后坐在自己的小凳子上吃饭，不到三岁就会自己洗漱穿衣，三岁之后就分房自己睡，现在快五岁了，已经学会自己洗小袜子小内裤了。”

听了大白的讲述，众人都很惊讶，并且艳羡大白有如此乖的孩子，但是也有一小部分人觉得大白太狠心，这么小的孩子怎么忍心让他干家务，大白却坚持自己的看法：“我是孩子的妈妈，不是孩子的仆人，自己的事情理应自己做。”

生活中，绝大多数的妈妈喜欢替孩子包办一切。为了能照顾好孩子，很多妈妈都失去了自己的人生，把孩子当成了自己的全世界。那么，妈妈如此勤奋，对孩子有什么正面的影响吗？

事实上，假如本应孩子做的事被父母做了，孩子的自理能力就会越来越差，也会越来越没有创造力，离开父母就没法独立生存……你没有看错，我们的勤奋，我们的精心付出，我们的百分百的努力，不会让孩子更加优秀，反而会把孩子塑造成一个能力低下的人。

堂嫂是一个称职的家庭主妇，她的两个孩子彼此之间相差不到两岁，自从生了孩子之后，她就再没有上过班，整天围着两个儿子转。

每天早上，堂嫂都会早早地做好早点，然后一遍又一遍地催促两个孩子起床，喊了大的喊小的。孩子好不容易起床了，她又忙着给大的找袜子，给小的找内裤，等两个孩子都穿戴整齐，她还要替他们挤牙膏、打洗脸水。总之，一大早她都在忙孩子的事，自己反而还是蓬头垢面的。

这样的生活，堂嫂持续了十几年。现在，大儿子上高中，小儿子上初中，我以为她应该轻松一点了，事实上并没有。她每天除了重复上面的事之外，还要忙着帮孩子检查作业，去复印店复印资料，送孩子上补习班……我建议堂嫂，让孩子独立去上补习班，堂嫂一口回绝："他们从来没有独自坐过公交和地铁，走丢了怎么办？"

"走丢了怎么办？"我听了堂嫂的话，顿时凌乱在风中。十六七岁的半大小伙子，身高比妈妈还要高一个头，怎么看也不可能被人贩子拐跑啊。

一个懒惰的孩子，必定有一个勤奋的妈妈，这似乎已经成了一条铁律。其实有时候不是孩子太懒惰，而是妈妈太勤奋了。父母疼爱孩子没有错，但是我们也要头脑清醒，孩子有他自己的人生，他的人生旅程总有一段要独行，该让他自己走的时候，家长必须止步，否则，孩子如何前进?

"授之以鱼，不如授之以渔"，有时候我们不妨做一个懒惰的妈妈，适时放手，让孩子做自己力所能及的事。但是，值得注意的是，要做一个合格的“懒妈妈”，我们必须先培养孩子以下三个能力。

1.生活自理能力

给孩子创造出独立干活的机会，从身边的小事情做起，如穿衣服，上厕所、洗袜子等，由简单到复杂，一点点地进行培养。不要用“孩子还小，他不会”来限制孩子，其实，孩子远比我们想象的要强得多。

在这个过程中，家长一定要有耐心，忍住心，管住手，千万不要孩子一做不好家长就代劳，这样不但会打击孩子的积极性，还会让孩子的动手能力越来越弱，对家长的依赖性越来越强。

2.独立思考能力

孩子遇到难题会想着向大人求助，这个时候家长千万不要急于展示自己的“聪明”，不要直接告诉孩子应该怎么做，而是要表现出自己也不是很懂的样子，引导孩子与自己一起思考，适当地给孩子一些提示。当孩子学会独立思考，遇到问题就会想办法独立解决，而不是把希望寄托在大人身上，孩子对大人的依赖性减弱了，独立生活的能力也就提高了。

3.自我管理能力

帮孩子建立一个自我管理体系，让孩子学会安排自己的事情。比如让孩子建立一个不轻易打破的作息规律，几点洗漱，几点上床，固定的睡前故事时间，牢不可破的睡前常规会让孩子学会自律。

总之，从自己吃饭穿衣，到自己独立上厕所，孩子的每一次尝试都是迈向独立的努力，孩子只要没有主动要求你去帮他，就请你尊重孩子的决定，耐着性子袖手旁观。要知道，孩子并不是天生无所作为，大多数孩子的能力低下，都是父母太过勤奋，常常越俎代庖的结果。

04.宝贝，妈妈需要你

无聊的时候刷微博，看到一个网友的吐槽：

今天，我在回家的时候，遇到一个妈妈带着一个三岁的小女孩，进单元门的时候，我走在前面帮她们刷了门禁卡，但是我明显地感觉到小女孩的嘴撇了撇，满脸委屈，女孩的妈妈对我抱歉地笑了笑，客气地说了声谢谢，然后进了门。

电梯来了，我先进的电梯，于是顺便问了那位妈妈她们住在几楼，然后随手帮她们按了电梯。没想到，小女孩当时就大哭起来，死活不进电梯，她妈妈对我抱歉地笑了笑，让我先走了。我百思不得其解，难道是我长得太对不起观众，才把那个小女孩吓哭的吗？

下面一个网友评论道："看来你是没有孩子，那孩子肯定是想自己刷卡进门，自己按电梯。"看到这里，我不禁失笑，因为只要有孩子的人都知道，孩子在某一个阶段特别喜欢帮大人做事情，这个孩子委屈的是，连续两次都被别人捷足先登，让自己失去了被需要的感觉。

世界著名的天主教慈善工作者特蕾莎修女曾说过这样一句话："世界上最大的贫穷，是不被需要和没有爱。"每个人都有自我实现的需要，孩子也一样。只是孩子的自我实现的方式比我们大人简单得多，比如洗一只碗，拾一次垃圾，给爸爸拿拖鞋，甚至是伸手按一次电梯，都能让他们体会到自己的价值感。

作为父母，我们需要做的就是，允许孩子帮我们做一些力所能及的事，让他实现自己的价值，让他感觉被需要。付出带来的快乐，远大于索取。扪心自问：你是否剥夺了孩子的这种快乐呢？给孩子的爱并不是越多越好，适时让孩子付出一些，让孩子感觉被需要，对于孩子来说，才是最好的教育。

女儿有段时间特别迷恋滑梯，由于小区里的儿童游乐区没有滑梯，我只好在网上给她买了一个。滑梯寄来的时候，是一大堆碎片和螺丝，需要自己组装才可以使用。

老公还在上班，我只好自己动手。我照着安装视频慢慢安装，琐碎复杂的零部件让我头大。这时，女儿走过来问道："妈妈，需要我帮你吗？"

"你就别来添乱了，妈妈这会儿烦着呢，你要是再把这些东西给我搞乱了，我可就没法组装了，你今天就玩不成了。"我毫不犹豫地拒绝。

"来，妈妈，给你这个。"女儿并没有理会，给我递来一个螺丝。

"让你别来捣乱，你偏不听。"我不耐烦地大声说道。

看我不领她的情，女儿委屈地哭了起来，我也没有心情组装了，只好把一堆烂摊子扔在那里，等老公回来收拾。

下午，老公回家后，开始组装滑梯。女儿看到爸爸在那里忙，走过去对爸爸说道："爸爸，你需要我帮你吗？"

"当然了，我正想找个帮手呢。"爸爸回答道。

女儿听了爸爸的话，高兴极了，一会儿帮爸爸扶滑梯，一会儿帮爸爸递螺丝，在父女俩的协作下，滑梯很快就装好了。

在整个过程中，女儿一点都没有添过麻烦，反而因为爸爸的肯定而高兴，乖巧地听从爸爸的调遣。因为她觉得自己是有价值的、被需要的，是可以为别人带来帮助的。

我从不怀疑父母对孩子的爱，世界上任何一种爱都没有父母的爱来得纯粹，但是，以爱之名的控制、包办，其实是一种剥夺，它剥夺了孩子人生中最重要的两种感受：价值感和归属感。

心理学家指出，随着孩子自我意识的形成，孩子开始追求价值感和归属感，在这个阶段，父母的过度帮助会给孩子造成挫败感，会让他们对自我能力产生怀疑。

这个阶段，孩子最需要的感觉就是被需要，而这种感觉往往就来自独立完成一件事情，或者是帮助他人完成一件事情。所以，当孩子问你是否需要帮助的时候，千万不要拒绝他，哪怕他的力量微不足道，其实，你大可以主动向孩子寻求帮助，你永远不会知道，当孩子听到你说"宝贝，妈妈需要你"时，他的内心是多么愉悦，多么满足。

05.花一些时间训练孩子

“我家孩子，都这么大了，连被子都不会叠。”一位妈妈这样抱怨自己的孩子。

“现在的孩子都是这样的，我家孩子别说叠被子了，早上起来永远找不到自己的袜子。”另一个妈妈不甘示弱。

“现在的孩子哪像我们那个时候哟，我记得我小时候，五六岁就学会做饭了，洗碗的时候够不着灶台，我妈给我端个小板凳垫在脚下面。”第一个妈妈一边感叹，一边陷入了回忆。

“是啊，还是现在的孩子享福，我们那个时候，大人帮我们洗过几次衣服，不管洗得干净还是洗不干净，自己的事情自己做。”第二个妈妈跟着附和。

生活中，很多妈妈喜欢抱怨孩子不做家务，却没有想过，你有没有教过孩子做家务？任何事情都不是天生就会的，假如有一天，你猛然惊觉孩子应该会做某些事了，如果你从未对孩子进行过训练，就不要指望他能立即达到你的要求。

小时候，当我第一次洗衣服的时候，我倒了小半包洗衣粉，结果衣服怎么也洗不干净，无论我用清水洗过多少遍，衣服上依然摸起来滑滑的，盆里依然有一些洗衣粉泡沫。

妈妈看到了，走过劈头盖脸就开腔数落我道："这么大了，连衣服都不会洗，一件衣服用得着那么多洗衣粉吗？"

我嘀咕道："你又没教过我怎么洗，我怎么知道。"

还有一次，快过年的时候，爸爸突然下命令说："今年家里打扫的任务就交给你了，你也不小了，应该帮大人做一些事了。"

于是，我兴冲冲地去打扫屋子。过了一会儿，我到爸爸那里邀功，告诉爸爸自己的完成任务了。爸爸走进来，看了一眼屋子，眉头皱成一团，说道："你这叫打扫好了？"

显然，我的"工程"没验收合格，但是当时的我却是一头雾水，并不知道我哪里没有做好。后来，在生活中，我才逐渐摸索出，打扫房子，并不是只扫脚下那一亩三分地，还包括扫窗台、擦窗户、掸灰尘等。

父母往往只告诉孩子自己的期盼，却不愿意花一些时间教会孩子如何做才能达到自己的期盼。很多父母会因为孩子家务做得太糟糕而生气，他们却没有明确地告诉孩子应该怎么做。为了不让父母闹心，不让孩子委屈，最好的方法就是花一些时间去训练孩子。

那么，如何去训练孩子呢？

1.由简至繁，保持新鲜感

从一些简单的家务做起，比如摆碗筷、倒垃圾等单一的事情做起，培养孩子动手的习惯。注意变换家务内容，保持孩子的新鲜感，如此才能高效率，低出错。

2.把你的期盼明确地说出来

给孩子布置任务的时候，一定要表达得具体明确，把你的期望说出来，避免孩子不知道如何做，或者是敷衍了事地做。比如你让孩子洗碗，对孩子来说，洗碗就是把碗洗干净就是了，但我们知道，洗碗并不是仅仅洗一些碗。洗碗不但要把碗筷洗干净，还要涮锅，洗锅盖，把菜板菜刀收起来，擦灶台，最后把厨房地板上的水渍拖干净。所以，当你要求孩子洗碗的时候，你最好把详细的步骤告诉他。

3.言传不如身教，与孩子一起劳动

有人说，父母懒了，孩子就勤快了，有的父母只喜欢一味地指使孩子做家务，自己却懒得动，这样的训练不会起到任何积极正面的作用，反而会让孩子产生抵触情绪："凭什么你在那里舒服地坐着，我却要不停地干活？"要想让孩子积极主动地做家务，父母必须行动起来，带领孩子一起做家务。当父母和孩子一起做家务的时候，双方的效率都会有所提升。

4.体验为主，适当鼓励

孩子的能力毕竟有限，不要真正指望孩子能帮你干很多家务，让孩子做家务旨在让他体验父母做家务的艰辛，从而学会体谅父母，尊重父母的劳动成果。

当孩子完成你指定的任务之后，最好有所奖励，适当的鼓励会让孩子更加积极主动地参与做家务这个事情中来。

第7章

正视错误：犯错是学习的好时机

01.接纳错误，我们都不完美

我们从小得到的教育就是犯错误是一个不好的行为，我们应当为自己的错误行为感到羞愧。其实，人人都会犯错，大人也不例外。

世界上没有绝对完美的人，我们却都习惯于要求别人完美，特别是自己的孩子。每当孩子犯了错，我们就会给孩子传递一些负面的信息，比如你真愚蠢，你真马虎，你真无能，你是个坏孩子，你没有出息，等等。

这样做的结果就是，有的孩子降低自我评价，认为自己是一个无能的人；有的孩子害怕遭到父母的羞辱，从而害怕犯错，不敢冒险；还有的孩子变成了一个讨好者，压抑自己的真实需求以取悦父母；更有的孩子为了掩盖自己的错误，丢失了自己的诚实，成为一个说谎的人。

我有一个朋友是绝对的控制型家长，她的孩子还没出生的时候她就已经规划好了孩子之后的生活。她告诉我，她要做一个认真负责的家长，要么不生孩子，生了就要好好教育，对孩子负责，那些不负责任的父母是她最鄙视的人。

朋友的孩子娜娜出生后，她便摩拳擦掌，准备好好雕琢自己的这个“作品”，她绝不允许这个作品有任何瑕疵。比如，为了给娜娜良好的教养，从娜娜刚刚学会说话起，朋友就要求娜娜见人就打招呼，如果娜娜害羞躲藏，朋友就会给她贴上没出息，不大方的标签；朋友严格要求娜娜讲礼貌用语，如果哪次忘记对别人说谢谢，就会严厉批评娜娜“妈妈平时怎么教你的？别人帮你做了事要记得说谢谢，真是没礼貌的孩子！”朋友奉行的育儿经是“事不过三”，同样的错误不能犯三次，让孩子知道有错误必须立即更正，否则就会受到惩罚。

现在，娜娜已经5岁了，在朋友的“精心教育”下，娜娜的表现如何呢？的确如朋友期望的那样，娜娜非常听话，懂礼貌，但是娜娜却出现了一个非常严重的问题，那就是非常胆小，而且很自卑。

比如，娜娜做任何事都要先看妈妈的脸色，妈妈脸色如常，她才会小心翼翼地去做，假如妈妈脸色不善，她就会立即感受到自己的“错误”，停止自己的行为；和别的小朋友一起玩的时候，娜娜则唯唯诺诺的样子，她是永远的“小跟班儿”，别的孩子让干啥就干啥，从不会领导别人，也不会主动表现，没有自己的想法，只会模仿别人。

娜娜还有一个致命的缺点，就是不知道如何拒绝别人，喜欢的玩具，即使自己再想玩，只要别的小朋友要，她都会让出玩具，即使她真的很不情愿……总之，娜娜做任何事都是为了获得别人的肯定，只有别人肯定了，她才会安心。

一个心理正常的幼儿是不懂得控制自己的情绪的，他们往往比较关注自我需求，一旦他们感到不满，就会以直截了当的形式表现出来，比如吵嚷、哭闹等，这才是一个孩子应该有的童真。

娜娜看似被朋友教育成了一个听话的孩子，实则娜娜的听话只是孩子在求生存状态下不得不做出的选择：犯错就会受罚，为了逃避惩罚，获得妈妈的肯定，娜娜只好失去自己的独特个性，看妈妈的脸色行事。一个年仅五岁的孩子就失去了犯错的机会，那么她也失去了认识世界的机会。朋友的教育看似是对孩子的负责，其实是最失败的教育。

进化心理学家哈瑟尔顿和列托也曾说过："人类是以'犯错'的方式来适应世界的，不犯小的错误，可能就会犯更严重的错误。"

作为一个人，犯错是一件避免不了的事，更何况心智尚未健全的孩子。孩子说错话、做错事是常有的事，作为父母，我们最应该做的事不是让孩子因为犯错而产生恐惧和羞辱感，而是让孩子正视错误，把犯错当成一个学习的机会。

犯错误是孩子成长道路上必不可少的，允许孩子犯错，才能让孩子感受改正错误和缺点之后的喜悦。那么，在孩子认识错误、感受错误的过程中，孩子会有什么收获呢？

1.获得新知

大多数孩子都是在犯错中探索世界的，在这个充满未知的世界，犯错对孩子来说是一种十分可贵的体验，每一次犯错，都会让孩子获得新知，这不是父母直接灌输自己的生活经验可以比拟的。

2.学会用正确的方法解决问题

在认识错误的过程中，孩子能够学会正确做事的方法。比如，用错误的方法拆掉玩具，玩具就会坏掉；把书放在水里，书就会泡烂；脾气太坏，就不能交到朋友；用不当行为来寻求大人的关注，会适得其反……在经过很多次错误的体验后，孩子就能学会用正确的方法来解决问题。

3.学会宽容

多蒙茜·洛·诺尔特说：“如果一个孩子生活在批评之中，他就学会了谴责；如果一个孩子生活在敌意之中，他就学会了争斗；如果一个孩子生活在友爱之中，他就学会了这世界是生活的好地方。”从另一个角度来说，我们接纳孩子的错误，允许孩子犯错，也是在教孩子学会宽容！

02.宽容错误，并不是纵容过错

生活中，我们常常看到这样的场景：

孩子不小心摔倒在地，父母赶紧跑过去，扶起孩子，安慰孩子道："宝宝不哭了啊，妈都怪这地板，它怎么能把宝宝绊倒呢？"说完这话，然后用脚狠狠地剁着地面说："让你绊倒我宝宝。"

孩子与其他孩子发生了矛盾，孩子回家一顿哭诉，家长不分青红皂白，拉着孩子的手就说："走，我们找他家长去，让他随便欺负你。"

在这样的教育方式的熏陶下，孩子就会变成一个推卸责任，不愿承认错误的人。我们要宽容孩子的错误，但不能纵容孩子的过错。

有人说"熊孩子"的背后一定有一个"熊家长"，很多孩子的不良行为都是家长纵容的结果。我们强调家长应该用和善宽容的态度对待孩子的不良行为，并不是让家长完全无视或者是纵容孩子的不良行为。

关于"熊孩子"的新闻层出不穷，前段时间一个"熊家长"纵容自家"熊孩子"的新闻更是震碎了我们的三观，引发了广大吃瓜群众的热议，更被《金星秀》“翻牌子”。

这件事发生在2016年的某一天，地铁站内，一位三十多岁的母亲拉着一个六七岁的男孩在等地铁，她们的旁边站着一位长相甜美、打扮时尚的年轻女孩，这个女孩手中拿着一袋鸡排，边等边吃。

小男孩看女孩在吃鸡排，于是指着女孩手里的鸡排跟妈妈撒娇道：“妈妈，我要吃鸡排，我要吃鸡排！”这位妈妈带着玩笑的口吻对男孩说道：“你去跟姐姐说，让姐姐把鸡排让给你吃。”小男孩听了妈妈的话，转过头毫不客气地对这位女孩说：“我要吃鸡排。”这位女孩看了小男孩一眼，并没有答应小男孩的无理要求。

面对女孩的无声拒绝，这位妈妈略显尴尬，嘴里竟然嘀咕了一句：“什么人啊，打扮得跟小姐一样。”当这位妈妈说出这句话的时候，我们可能就能理解这个“熊孩子”后面的行为了。过了一会儿，当地铁快要进站的时候，那小男孩突然挣脱他妈妈的手，跑到这个女孩的背后，猛地向前推了女孩一把，差点把女孩推下站台，幸好旁边有人反应及时，一把拉住了女孩，就在几秒之后，地铁呼啸而过。

对于男孩的行为，这位妈妈也吓了一跳，但是她并没有跟女孩道歉，而是抓住小男孩的手，挤进地铁，赶紧隐藏在人群里，站台上独留后怕不已、伤心哭泣的年轻女孩。

这件事虽然最终没有造成严重的后果，但是小男孩的行为却令人发指。如果没有那位好心人的及时反应，毁灭的将会是两个家庭的幸福。不难判断，小男孩的行为是他妈妈长期纵容的结果，一味地纵容自己的孩子，对孩子而言，无异于给他安放了一颗随时会爆炸的地雷。

孩子的是非观念很淡薄，他们分不清自己的行为是好是坏，这就需要家长的正确引导，及时指出孩子的不当行为。如果孩子做错了事而从未受到批评和教育，那么孩子的心中就会形成一种认知：这样做没有什么不对，以后还可以继续这样做。

美国教育家珍妮·艾里姆说过这样一段话："孩子的身上存在缺点并不可怕，可怕的是，作为孩子的领路人的父母缺乏正确的家教观念和教子方法。"

父母是孩子的第一任老师，孩子的行为很大程度上取决于父母的教育。对于孩子的过错，家长应该引起足够的重视，正确对待孩子的不当行为。宽容并不等于纵容，对于孩子，家长们需要宽容，但是要把握度，耐心地引导，莫要让家长的宽容演变成对孩子的无尽纵容！

那么，当孩子犯了错，我们如何对孩子进行正确引导呢？

1.鼓励孩子说真话

鼓励孩子说真话是每个父母都应该认真去做的。很多时候，孩子不愿意承认错误，是因为孩子害怕受到惩罚或失去父母的爱。所以，父母在指出孩子错误的时候，同时也应该反思一下自己的管教方式，如孩子稍有过失就受到严厉处罚，孩子往往会为了逃避处罚而说谎。父母必须先了解孩子的犯错心理，理解孩子的感受，如此才能解除孩子的紧张心理，使孩子敢于说真话，敢于承认错误，并主动承担责任，弥补错误。

2.要批评，但是要掌握分寸

孩子犯了错误，很多父母喜欢为孩子开脱，纵容型家长有一套固定的说辞，比如，孩子还小，他知道什么啊；哪有孩子不调皮捣蛋的，等他长大就好了；多大点事儿啊，跟一个孩子计较什么……而严厉型家长则会太过严厉地惩罚孩子，这种处理方式也会过犹不及，不但会伤害孩子的自尊心，甚至引起孩子的抵触，使孩子做出更反叛的行为。

面对孩子的不当行为，家长应该批评有度，做到既不娇纵，又不过度严厉。父母要爱护孩子，维护孩子的自尊心，又要严肃而中肯地指出其错误所在、错误性质和错误所带来的后果，并帮助孩子找出弥补错误的办法，如此，才能达到批评教育的目的。

3.让孩子勇于承认错误

一旦发现孩子的错误行为，父母要耐心引导孩子自己承认错误。最主要的是，如果孩子主动承认了错误，就不要再过分责骂孩子，而应该表扬孩子的诚实。这就要求我们在日常生活中要相信孩子，采用赏识教育，多正面鼓励，少讽刺挖苦，如此，孩子才会勇于承认自己的错误。

03.自然惩罚法则——承担过失

这个故事发生在美国著名总统里根身上。

那一年，里根才11岁。某天，里根和玩伴在院子里踢足球，一个不小心，里根将足球踢到了邻居家的玻璃上，邻居家的玻璃窗“哗啦”一声被足球打碎了。

这件事让邻居非常生气，要求里根赔偿12.5美元。对于孩子来说，12.5美元是笔巨款，年少的里根害怕极了，赶紧回家寻求父亲的帮助。

父亲弄清了来龙去脉之后，对里根说道：“现在，你的首要任务是向邻居道歉，并取得他的原谅，然后想办法赔偿邻居的损失。”

里根看到父亲并没有帮自己的意思，急得快哭了：“我自己想办法赔偿？我到哪里去弄那么多钱啊？”

“玻璃窗是你弄坏的，你必须承担赔偿的任务，为你自己的过失负责！”父亲不为所动，严肃地说道。顿了顿，父亲继续说道：“我可以借12.5美元给你，但我不会白白替你还钱，你必须在一年后将钱还给我。”

里根答应了父亲的要求，他拿着父亲借给他的钱赔偿邻居，并取得了邻居的原谅。之后的日子，里根便开始了他艰苦的还债之路。虽然里根只是一个孩子，但是父亲对他充满了信心，坚信他一定能够挣到12.5美元！

里根只要有时间就会去做零工挣钱，偶尔也会帮父亲做事获得报酬，仅仅用了半年，里根就挣够12.5美元。这笔钱对一个11岁的孩子来说，的确是一个不小的数字，但里根正如父亲希望的那样，通过自己的艰苦劳动，最终弥补了自己的过错。

后来，里根成了美国的总统。只要里根回忆起此事，他就会说："通过自己的劳动来承担过失，使我懂得了什么叫责任。"

英国著名教育家斯宾塞指出："当孩子认识到自己错误的行为所产生的自然后果后，吸取这方面的经验，以后不再犯，就是自然惩罚。"

就像里根一样，当他打碎别人的玻璃，他需要承担的后果就是道歉和巨额赔偿，而弥补错误的代价就是自己需要为此付出辛勤的劳动。让孩子认识错误，承担后果，牢记教训，比反复说教更有用。

"自然惩罚法则"是十八世纪法国著名教育家卢梭提出的。卢梭指出：儿童所受到的惩罚，只应是他过失所带来的自然结果。意思是说，当孩子犯了错，不应该对孩子进行过多的指责或抱怨，而是让孩子自己直接承受错误造成的后果，如此才能让孩子在承担后果的痛苦过程中自我反省，从而让孩子学会弥补过失，纠正错误。

总的来说，就是让孩子自作自受，吸取教训。

生活中，很多父母喜欢替孩子承担过失，当孩子犯错之后，很多父母二话不说便帮孩子收拾“烂摊子”，这样往往使孩子失去了认识错误、自我反省的机会，从而让孩子成为一个推卸责任，没有担当的人。所以，孩子犯错后，应当采用卢梭的自然惩罚法则，让他自己去承担犯错所带来的后果。

比如，当孩子故意或不知道爱护而弄坏了自己的玩具，大人不要急着去帮他修好，或者是赶紧给他买一个新的，而是让他感受到失去玩具之后的不愉快；当孩子故意将颜料涂在自己全身，不要急着责怪他，或者着急帮他清洗干净，而是让他自己学着去清洗，让他感受到洗干净衣服上的颜料是多么辛苦的一件事……用自然惩罚来强化孩子的犯错体验，孩子就会牢记教训，告诉自己下次要小心。

李嘉诚曾经说过这样一句话：“世界上最浪费时间的事就是给年轻人讲经验，讲一万句不如你自己摔一跤，眼泪教你做人，后悔帮你成长，疼痛才是最好的老师。”

自然惩罚法则是教育史上的里程碑，那么，我们如何在孩子的教育上运用好这一法则，让孩子学会为自己的行为负责呢？

1.可以指出错误，但不要责难或羞辱

孩子犯错之后，我们首先要管理好自己的情绪，不要让愤怒覆盖我们的一切感受，做出让自己懊悔不已决定，更不要随意给孩子贴标签，给孩子传递一些负面信息。我们可以给自己和孩子一些时间，待大家都能够心平气和的时候再解决问题。先倾听孩子的声音，再说出你的感受，然后借机指出孩子的错误，并让孩子主动去承担责任，弥补错误。

2.减少对孩子行为的干涉，让孩子对自己的行为负责

站在一个旁观者的角度，告诉孩子这样做会导致什么后果，启发他发现错误，引发自省，并让他自己决定怎么解决。我们也可以向孩子提出建议，必要的时候陪孩子一起解决，但绝不是代劳。

3.一切从爱护孩子的角度出发

无论是谁，知道自己犯错了都会害怕、恐惧。我们要从爱护孩子的角度出发，理解孩子的感受，消除孩子的恐惧，如此，孩子才敢于承担过失，进行自我修正。

04.不要逼孩子认错

周末，带女儿去附近的公园玩，在儿童游乐区，几个孩子在一起玩滑梯。

一个小女孩一直坐在滑梯上，任后面的孩子如何催促，她都不往下滑。在她后面的小男孩急了，于是伸手去推她，想把她推下去，小女孩死死地抓住滑梯，没有被小男孩推下去。小男孩见自己推不动小女孩，又催促她道："你快滑啊。"小女孩依然无动于衷，小男孩于是憋足了劲推了小女孩一下，这次，小女孩被小男孩推着滑了下来，同时，小女孩也被吓得哇哇大哭起来。

哭声惊动了在一旁聊天的两位妈妈，当小男孩的妈妈听到小女孩说，是小男孩推她的时候，这位妈妈不问青红皂白，赶紧让儿子向小女孩道歉。小男孩低着头，小脸涨得通红，紧咬着嘴唇，就是不肯道歉。见儿子不肯道歉，这位妈妈很严厉地大声说："如果你不道歉，明天就别想让我再带你到公园来玩。"听了妈妈的话，小男孩眼泪夺眶而出，满怀委屈地看了妈妈一眼，带着哭腔说道："对不起。"

生活中，这样的场景不难见到，当孩子犯了错，大多数父母会在一通说教之后严厉地质问孩子：“你知道错了吗？”“下次还敢不敢了？”“知道错了还不赶紧道歉？”事情发生后，我们总是简单粗暴地以孩子认错或道歉来结束，事实上，孩子如果不是主动道歉，而是在我们的逼迫下认错或者道歉，这样的认错没有任何意义。

首先，孩子在父母的逼迫之下认错，并不是自己真正认识到自己的错误，而是迫于父母的威严，认错只是为了逃避惩罚。其次，孩子的自我控制能力差，很难做到一次性改正错误，所以，“下次再也不敢了”这样的保证只是空谈。

孩子不肯认错是一件很正常的事，因为他不知道自己承认错误后会受到什么样的惩罚，拒不认错只是他们保护自己的一种手段。明智的父母在孩子犯错之后，都不会着急上火地逼孩子认错，而是给孩子缓冲的空间，让他主动认错。

小时候，家里不富裕，能够吃上一个苹果就能高兴半天。有一年，邻居家的苹果树终于结了几个果子，这让我们几个孩子眼馋不已。

这一天，我又从邻居家的苹果树下经过，红彤彤的苹果就在我头顶，是那么诱人，我看了看四周，没有一个人，一番思想斗争之后，我伸手摘了一个苹果，藏在衣服下面就抱回了家。

妈妈看到我拿回家的苹果，问我苹果是从哪儿来的，我撒谎说是邻居婶婶给的。看到我吞吞吐吐的样子，妈妈似乎看出了端倪，但是当时的她什么也没有说。

之后的日子，妈妈也没有提这个苹果的事，但她总是有意无意地给我讲一些故事，时不时说一些小时偷针、长大偷金的道理。听了妈妈的故事，我的内心备受煎熬，有时候做梦都能梦见那个苹果，在梦中不是我吃掉了苹果，而是苹果吃掉了我。

终于有一天，我向妈妈承认了错误，并告诉妈妈，那个苹果是我偷来的。妈妈并没有责骂我，而是摸着我的头说道："孩子，鬼迷心窍的事谁都做过，但是要做到问心无愧却很难，犯了错不可怕，怕就怕不知悔改。"

"妈妈，我知道我错了。"我小声地说。

妈妈欣慰地笑了，安慰我道："我陪你一起去跟邻居婶婶道歉，向她承认错误，她一定会原谅你的。"

于是，我和妈妈来到邻居家，向他们说明了情况。邻居婶婶笑着说道："你们也太大惊小怪了，不过一个果子，本来就是给孩子们吃的，还说什么道歉的话。"

妈妈却一本正经地说道："不问自取就是偷，很多大错都是从小错积累起来的，孩子可惯不得。"

承认错误之后，我一下子轻松了。从那之后，我再也不敢做不问自取之类的事，因为我知道，满足了自己一时的欲望，会承受百倍的煎熬，那滋味儿真不好受。

其实，妈妈知道我偷摘苹果的事之后，最简单的办法就是直接揭穿我的谎言，并严厉地惩罚我，但妈妈并没有这样做，因为她知道最重要的不是惩罚，而是教育我在犯错误后勇于承认错误，并真正改正错误。妈妈这种“冷处理”的方法，让我在经过长时间的思考与自我道德评价后，最终认识到自己的错误，并主动承认自己的错误。

父母在发现孩子犯了错误之后，千万不要不问青红皂白就把孩子狠狠地训斥一顿，这样一来，孩子更不敢认错。与其强迫孩子承认错误，或者做任何保证，不如耐心地引导孩子承认错误，最终要让孩子明白，只有自己真心地感到抱歉了，才能真正地舒服和轻松起来。

05.孩子的错误行为背后

朋友思琪是一个两个孩子的妈妈，最近他们家新房子需要装修，公公婆婆没法帮忙，老公又在上班，所以装修房子的一切事务都落在了思琪身上。偏偏思琪又是一个认真细致的人，自己要住一辈子的房子，不能马马虎虎地交给装修公司，什么都要亲自过目。

这天，她带着两个孩子去验收地板，天气热极了，才走到半路，儿子浩浩就开始抱怨天气太热，坐在车里好无聊，并且一直要求要回家。相反，一岁多的女儿一路上都很安静乖巧。

第二天，思琪还需要去新房子那边，由于昨天儿子一路上喋喋不休地抱怨，思琪决定让儿子留在家中，还让婆婆专门过来陪着。因为女儿还太小，离不开妈妈，前一天又没有给思琪添过任何麻烦，思琪就决定带上女儿。

然而，准备出发的时候，儿子却改变了主意，他不要留在家里，他也要跟妈妈一起出门。思琪提醒儿子，昨天他的感觉是怎样难受，留在家会让他更舒服一点，但是儿子坚持要去。思琪想到昨天儿子的表现，完全没有信心将他带上，于是坚持自己的决定，并给了儿子一些零花钱，让他和奶奶一起出去买冰激凌，然后思琪就带着女儿走了。

下午，等思琪和女儿回到家，思琪简直不敢相信自己的眼睛，她发现女儿最喜欢的玩偶佩琪被儿子用彩笔画得面目全非，那些污迹是不可能去除的，思琪既伤心又愤怒："他怎么能做如此恶劣的事？"于是，思琪狠狠地打了儿子一顿，然后将儿子关进房间里让他自我反省。

过了一会儿，思琪走进儿子的房间，问道："你是不是觉得我今天只带妹妹去，却没有带你，是因为我爱妹妹多一点？"

"是的。"儿子小声回答。

"我能理解你怎么会那么想，当你如此想的时候你肯定很难过。"思琪说道。

听到妈妈理解自己的感受，儿子又开始哭了起来。

思琪将儿子抱在怀里，等儿子不哭了，又接着说道："我能理解你的感受。我小时候，具体多少岁记不清了，有天中午，我午睡醒来，发现妈妈和姐姐都不见了，爸爸告诉我，他们去邻镇划船了，因为我太小了，怕不安全，就没有带我去。邻镇毗邻汉江，来往都是船只，对于平时只能看到一条小溪的我们具有神奇的吸引力，当我得知妈妈带姐姐去划船却不带我的时候，我伤心极了，我觉得妈妈爱姐姐胜过爱我。"

听了思琪的遭遇，儿子充满了同情。思琪趁热打铁，说道："你知道妈妈今天为什么没有带你吗？”儿子点了点头，妈妈出发的时候已经跟他说过许多次把他留在家的原因了。

思琪接着说道：“昨天天气太热了，看到你那么遭罪，我真的很心疼，而且新房子里的确也没有什么有趣的东西，所以，我觉得你留在家里会更舒服一点。你能理解妈妈说的这些吗？”

“可是，你带走了妹妹。”儿子低声说。

“我带走妹妹，并不是因为我更爱妹妹，而是因为她还太小，她需要妈妈。儿子，我非常爱你，我对你的爱一点也不少于妹妹。”思琪说道。

“妈妈，我知道错了。”儿子终于理解妈妈的话了。

思琪高兴地搂着儿子，在他的额头“吧唧”亲了一口，然后问道：“你觉得我们能把妹妹的佩琪洗干净吗？”

“我想，那个玩具没有办法洗干净了。”儿子的脸垮下去。

“那我们该怎么办呢？那可是妹妹最喜欢的玩具。”思琪也皱起了眉头。

“妈妈，你给我的零花钱我没有买冰激凌，我们用这些钱给妹妹再买一个一模一样的，好不好？”儿子想到了一个办法。

“好主意，可是你就没有办法吃冰激凌了。”思琪说。

“是我弄坏了妹妹的玩具，我可以不吃冰激凌。”儿子说。

“那好吧，儿子你真棒！”思琪采纳了儿子的建议，陪着儿子去买了一个一模一样的玩偶给妹妹，妹妹并没有发现她的玩具被“偷梁换柱”，母子俩的关系也恢复如初。

思琪认识到儿子的错误行为是因为他认为自己不爱他，所以才用破坏妹妹玩具的行为来报复。在愤怒掩盖理智的情况下，思琪严厉地惩罚了儿子，但是很快，思琪就认识到惩罚并不能让儿子真正地认识错误，承担自己的责任，于是才走进房间，采取了第二步教育手段。最终，思琪的儿子认识到了自己的错误，主动承担自己犯错之后的责任，并努力弥补自己的错误行为带来的后果，所以，思琪的处理方式是非常值得我们借鉴的。

大多数时候，孩子并不是故意犯错。孩子的行为是以目的为导向的，孩子的觉察能力很好，但是解释能力很差，比如说当孩子发现家长对小点的孩子更加关注，于是孩子就错误地以为自己变成一个小宝宝能得到父母更多的爱，于是孩子就像小宝宝一样哭闹，甚至是尿裤子……看清孩子错误行为背后的真实原因，才能找到解决问题的根本方法，如此才能让父母和孩子的亲子关系越来越紧密。孩子的报复行为结束了，伤害或破坏性的行为也会跟着消失不见。

06.当我们愿意道歉时

前面我们反复讨论，当孩子犯错的时候家长该如何处理，但是，我们有没有想过，当我们自己做错事时，该怎么办呢？

“人非圣贤，孰能无过。”不只孩子，家长也会犯错。当我们做错事，我们处理问题的态度非常重要。前面我们说过，孩子是在模仿中成长的，假如父母犯了错，推卸责任，不愿承认，或者为了面子不愿道歉，孩子就会受到父母的影响，也会在潜移默化中变成一个不愿承担错误的人。

所以，当我们做错事时，也要为我们的过错而感到抱歉，并向对方表达歉意，如此，孩子才能在父母的言传身教中学会道歉。

我是一个愿意向孩子道歉的妈妈。当我第一次跟女儿道歉时，女儿还不到两岁。那段时间，我的工作遇到了瓶颈，任我想破脑袋也无法突破。

那天，我又坐在电脑前苦思冥想，女儿却一会儿把橡皮泥搬来，让我给她捏一只兔子，一会儿又把故事书拿来让我给她读，当我一一打发走之后，她又突然跑过来，把我的电脑强制关机。我当时烦躁极了，站起身来，拿起手边的手机充电线就在她屁股上打了两下。

女儿疼得眼泪直掉，一边抱着我的腿，一边喊："好疼啊，好疼啊！"气头上的我没有理她，她只好自己爬上沙发，躺在沙发上哭。

气头上的我并没有因为女儿的眼泪心软，依旧埋头处理自己的工作。过了一会儿，我听见那边没有了动静，扭头一看，女儿已经在沙发上抽噎着睡着了。

我走过去，将女儿抱在床上，揭开女儿的裤子一看，屁股上有两条深深的红色印痕，我心疼极了，也反思了一下自己的行为。女儿并不是在故意捣乱，她只是想要我陪她玩而已，而我把工作上的不如意迁怒于孩子，并打了她。

女儿醒了之后，委屈一扫而光，也或者是她压根就已经忘记了之前发生的事。但是，我抱着她，依然真诚地跟她说了声对不起，我告诉她今天是妈妈的不对，不该对她没有耐心，妈妈知道自己错了。

很多人觉得我这样的做法多此一举，包括孩子的爸爸。他说不管对错，打了就打了，我如果这样做，女儿会不听我的管束。朋友也劝我说孩子还小，根本就记不住这些，没必要跟孩子道歉。但是，事实证明，我的做法并不是没有作用的，现在女儿自己做错了事，会主动承认，主动道歉，还能简单地说出自己错在哪里，为什么而道歉。

很多父母在误会、曲解孩子之后，都没有做到跟孩子道歉。有的人认为孩子小，可以蒙混过去，有的人则认为跟孩子道歉会有失身份，丢掉自己的权威。其实，当我们愿意放下父母的身份，跟孩子道歉时，我们会发现，孩子很容易原谅我们的错误。在孩子面前承认自己的错误，是对孩子的尊重和信任，这不仅不会影响我们在孩子面前的权威，相反，会让孩子更加亲近你、尊敬你，与此同时，我们也为孩子树立了一个勇于认错的好榜样。

第8章

爱的传递："我爱你"是最重要的事

01.做好父母，先做好玩伴

很多父母常常会有这样的疑问:

“为什么孩子不听我的话，反而听他姑姑的话？”

“为什么孩子有秘密跟其他人说，就是不跟我说？”

“为什么孩子跟我一点也不亲近？”

“为什么孩子一直都是我带，却一点不听我的话，我在他面前毫无威信可言？”

……

每当面临这样的问题，我都会反问父母：“你一般都和孩子玩什么游戏？”大部分家长听到这个问题都会蒙圈儿，很多人想半天也回答不上来。

要想和孩子建立良好的亲子关系，首先要赢得孩子的信任，让孩子和我们产生心灵的共鸣，而要赢得孩子，最好的方式就是成为孩子的玩伴。

爱玩是孩子的天性，“玩”是孩子成长过程中相当重要的一环，孩子在玩耍中探索世界，在游戏中模仿学习，对人际交往的参与和实践，对成功和失败的感受和体验，都在玩耍中完成，在这个重要的环节里，玩伴对孩子的成长举足轻重。在家庭教育中，孩子更喜欢看父母做什么，而不是听他们说了什么，所以，要想做好父母，先要做好孩子的玩伴。

我家小区北门有一个社区活动中心，那里有一个很大的广场。每天傍晚，这里便成了孩子的聚集地。通过观察，我发现大多数妈妈都是把孩子带来之后，让孩子自己玩，几乎没有一个妈妈陪着孩子玩游戏。

由于我女儿还不是一个很独立的孩子，什么时候都要我陪着，我想乐得清闲也没有办法，于是，我只好和孩子们一起玩。渐渐地，我成了孩子们的领头羊，陪孩子们一起玩你追我赶的游戏，一起玩老鹰抓小鸡，还有闻花香、追蜜蜂、捡石头……在陪孩子玩的过程中，我能感受到，相较于其他孩子来说，女儿的幸福感更强，只要有新的孩子加入，女儿都会骄傲地说一声："这是我的妈妈。"看到女儿越来越独立、勇敢，性格也变得自信活泼，我觉得付出的耐心和时间，都是有意义的。

父母陪孩子玩耍，不仅仅只是满足孩子的情感需求，更起着引导孩子、启发孩子的作用，对孩子性格的塑造、心理的健康发展都起着举足轻重的作用。然而，大部分家长往往忽视了这一点。

当孩子提出要求，让我们陪伴他玩耍或者要我们陪着他一起做某件事的时候，我们的第一反应不是爽快地答应，而是想方设法推托。

为了让孩子打消让我们陪着玩的念头，我们会编出许多理由，比如要工作、要开会、要应酬、要做家务、玩手机、和朋友聊天，甚至是天气看起来不是很明媚。

其实，任何理由都是借口，因为没有任何一份工作会让一个人把一天24小时都赔进去，也没有任何一个家庭一天到晚都需要洗洗涮涮，晴天有晴天的风景，雨天有雨天的旖旎，天气好坏似乎与能不能出去玩没有多大的关系，问题是我们自身想不想。只要想陪孩子玩，再忙也会抽出时间，只要想陪孩子玩，就可以风雨无阻。究其原因，只是因为我们不想。

我们甚至会把我们的“忙”强加在孩子身上。常常听到父母这样拒绝孩子：“我如果只陪着你玩，哪有时间去工作，不去工作，哪有钱给你买玩具。”很多父母觉得，我们如此拼搏，就是为了给孩子一个好的生活、好的教育，能够给孩子买他想要的玩具，但是，我们不知道，孩子真正想要的不是昂贵的玩具，而是父母的陪伴。孩子是非常容易满足的，有时候我们只需要把东西扔在地上，然后夸张地“哎哟”一声，这个大人觉得无比幼稚的游戏，他们都能咯咯地笑个不停。

美国斯坦福大学医学院的研究人员指出：孩子最重要的需求是和成年人建立一种安全可靠的关系，父母最应该做的一件事就是陪孩子玩。对幼小的孩子来说，最好的教育不是名师早教，而是父母的陪伴。作为父母，要想让孩子不输在起跑线上，先让自己成为孩子最好的玩伴吧！

02."低头族"的无效陪伴

什么是无效陪伴？简而言之就是"人在心不在"，虽然常常和孩子待在一起，孩子却无法感受到这种陪伴。真正有效的陪伴，不止是待在孩子的身边，更重要的是和孩子之间的交流，陪伴孩子做他想做的事，让孩子感受到来自父母的爱。对于孩子而言，陪伴的质量远比时间的长短重要！

随着智能手机的普及，各种手游、App应运而生，毫不夸张地说，只要给我们一部手机，我们就能拥有一个世界。很多人因此成了"低头族"。大多数"低头族"即使在陪孩子玩的时候也是盯着手机的，在这些父母眼中，似乎微博、朋友圈、淘宝、游戏比孩子有趣得多，这样的无效陪伴不但让孩子感受不到父母的爱，还会让孩子产生挫败感。

有一次回老家，在高铁上，遇见一位带着孩子的年轻妈妈。从坐上车的那一刻，这位妈妈的眼睛就没有从手机上移开过，她的孩子一会儿看看窗外，一会儿玩玩手指，最后无聊至极的孩子表示抗议了，他拉着妈妈的衣角开始大吵大闹。

这位时尚的年轻妈妈非常不耐烦，一脸戾气地从包里拿出一个平板电脑塞在孩子的手中，说道："烦死了，你就不能安静一会儿，拿去玩，不要再来吵我了。"孩子拿过妈妈递来的平板电脑，也津津有味地玩了起来。我看了一眼那孩子，他最多三四岁的样子，事实上，在他吵闹妈妈之前，他已经安静了很长时间。

前段时间见到了一个朋友，她跟我抱怨说她儿子都快三岁了还不怎么会说话，我说有的孩子说话说得晚，这很正常。我告诉她，平日里要多跟孩子说话，看到什么就说什么，久而久之，孩子就会表达了。

朋友听了我的话，眉头一皱说道："我哪有时间管他啊，每天都忙得要死。"

"你不是在家全职带娃吗？即使干家务的时候也可以跟孩子碎碎念的。"我知道她从怀孕起就没有上班了，很纳闷她为何如此忙。

"孩子出生后，因为没法出去上班，一个偶然的机会，我跟着一个宝妈做微商了，卖一些婴儿用品，虽然不上班，却要每天盯着手机。"朋友回答道。

怪不得呢，我看见她朋友圈总是发一些类似于"不做手心向上的女人""当你能够放下面子去挣钱的时候，就说明你成熟了"的励志语言。

朋友不去上班，其本意是好好陪伴孩子，但是以现在的情况来看，她既没有好好上班，也没有好好陪孩子。

不要以为孩子小不懂，孩子的觉察能力很强，你是真的在陪伴他，还是只是敷衍他，他完全可以感知到，这些也成为他判断你是不是真的爱他的标准。研究表明，"低头族"的无效陪伴，会让孩子感到焦虑，没有安全感，甚至会让孩子产生自我怀疑，认为自己不被爱。

大多数孩子都反感父母玩手机，包括我女儿，只要看到我拿起手机，她就会跑过来把我的手机抢走，扔得远远的。

不久前，海南一个小学生的作文被媒体纷纷转载。这位四年级的小学生在作文中写道："你已经快不是我爸了，你快是手机的爸爸了。"于是，"低头族"成了大家讨论的热点，不少家长看了之后也表示非常惭愧。

这是一个孩子对父爱的真切呼唤。父母是孩子最亲近的人，他们最需要的就是父母的关爱和陪伴，他们希望能和爸爸妈妈一起做游戏，能依偎在爸爸妈妈身边听他们讲故事……但是，现在大多数父母都沉迷于手机，当孩子有事相求，父母大多数时候都是置之不理，抑或是敷衍了事，更有甚者会冲孩子发脾气……

虽然父母看似一直陪在孩子身边，跟孩子的互动、交流却很少，对孩子来说，这种无效陪伴还不如不陪伴。我们不妨换位思考一下：假如你是孩子，你想和爸爸妈妈说说话，但是不管你说什么，爸爸妈妈只顾盯着手机，头都不抬一下地应付你，你的心情是怎么的？你是否会觉得自己还不如一部手机？

当父母明明天天都陪在孩子身边，孩子却无法和父母亲近，彼此之间无法建立和谐的、相互依赖的亲密关系，这就是无效陪伴的结果。我们说过无数次，孩子是在模仿中成长的，假如父母是一个“低头族”，孩子十有八九也会变成一个“低头族”，假如孩子只知道沉溺于手机，他还有心思去努力学习吗？

其实，仔细想来，我们能完全陪伴在孩子身边的时间就只有那么两三年，当孩子上了幼儿园，离上小学中学就不远了，当孩子上了中学，离大学就不远了，当孩子上了大学，离家就越来越远了……一个不留神，孩子就长大了，当他们有了自己的生活和圈子，你想陪他，他都没有多少时间可以分给你。

所以，趁孩子把你当成他的全世界的时候，请放下你的手机，全心全意地陪陪他，少刷微博，少逛淘宝，抖音的帅哥美女也与你无关，请将时间花在最重要的人与事上，请记住，孩子才是你最需要关注的人。

03.合理使用"电子保姆"

朋友最近老是跟我抱怨，说自己每天带孩子，陪着孩子玩，好不容易等老公下班了，想着老公能陪孩子一会儿，可是，老公嘴里答应陪孩子玩，转身就把孩子扔给电视机了。

朋友说老公两句，老公还振振有词地说："我给他唱儿歌和电视给他放儿歌有什么区别？再说了，电视机唱得比我这个五音不全的人好多了。"

其实，朋友老公的这种做法在其他父母身上也很常见。

现代社会电子产品日新月异，当电视机、手机、iPad等电子产品进入我们的生活，各色各样的节目，各种各样的游戏，将孩子的目光牢牢吸引在电视机和手机跟前。只要打开电视，丢个手机或者是平板电脑就能瞬间"定住孩子"，于是大多数家庭也都把这些既省心又安全的"电子保姆"当成了带孩子的好帮手。

育儿专家专门针对0~5岁的幼儿进行了家庭调查，结果显示，幼儿使用电子产品的比例高达80.4%，也就是说，大部分父母会让孩子使用智能手机，或者是看电视。当今社会，生活节奏快，工作压力大，致使很多父母都没时间带孩子，即使是自己带孩子，为了让孩子安静下来，不淘气、不缠人，也会把孩子交给电子产品，只要孩子不吵闹就可以。

儿童心理学专家研究表明，0~3岁是孩子大脑飞速发育的关键时期，是人一生中最特殊的成长阶段，如果长时间让孩子独自看电视，大人不与之交流，不仅容易造成孩子语言能力发展迟缓，还会使孩子的探索能力和想象力受到局限，严重的还会导致孩子自闭。

让孩子经常看手机或电视、电脑等电子产品，不仅影响孩子视力，使孩子减少了户外活动和与大人的互动，还有可能会导致孩子从小沉迷网络。危害可能很多人能意识到，但是并没有给予足够重视，或者因为自身忙碌、懒惰等原因，依然把孩子交给“电子保姆”。

台湾作家龙应台把父母比作食物，都是有保质期的，这个保质期就是孩子最依赖父母的那段时间。假如我们不珍惜这段时间，把孩子交给“电子保姆”，等过了有效期才后悔莫及。父母的用心陪伴，才是有温度、有质量的陪伴，孩子的成长只有一次，让我们从现在起，做一个合格的父母。

1.走出家门，多带孩子参加户外活动

每个孩子都非常喜欢在户外玩，不愿意在家里憋着。户外活动不仅可以减少孩子看电视、玩电子产品的机会，还能增加孩子的运动量，从而增强孩子的体质，有利于孩子的身体健康。经常在开阔的空间能够避免孩子的视力下降，户外活动也可以保护孩子的视力。

除此之外，户外环境相对于室内来说不确定因素太多，家长必须用心陪伴，才能保证孩子的安全，从另一个角度来说，户外活动可以强迫家长用心陪伴。

2.让孩子适当看电视，家长要认真陪同

现代生活，让孩子和电子产品绝缘并不现实，毕竟这些电子产品也是一种工具。电视的信息量大，让幼儿适当地看电视，有助于幼儿认知能力的发展，对幼儿智力发育有促进作用。假如孩子在看电视的时候，父母亲能陪伴在孩子身边，并且适时穿插亲子间对话，十分有助于孩童的语言理解能力和运动发育潜能。

我们想让看电视达到培养孩子的效果，家长应在孩子看电视时注意陪伴和选择。首先，父母要选择好的、适合的电视节目陪孩子一起观看；其次，要陪孩子一起分享、交流，使电视不仅成为孩子的陪伴者、益友，帮助孩子在认知方面的成长，更能成为亲子沟通的最佳途径；最后，家长还要陪孩子用喜爱的动画人物，以角色扮演的方式，对孩子加以引导。

另外，除了陪着孩子一起看，我们还要严格控制看电视的时间。为了减少看电视的时间，爸爸妈妈们可以陪孩子一起看一次，然后再作为背景音乐放一次，陪着孩子自由地想象，猜测情节，可以培养孩子的想象力和专注力。

04.“爱的教育”不是“溺爱教育”

在公园玩耍，一个小女孩端坐在秋千上吃甜甜圈。这时，一个小男孩走了过来，以迅雷不及掩耳之势夺过小女孩的甜甜圈，然后津津有味地吃了起来，他的脸上毫无愧色。

小女孩被吓蒙了，继而哭了起来。小男孩的妈妈看见了，赶紧走过来，哄小姑娘道：“小妹妹，你别哭了，哥哥是在跟你开玩笑呢！阿姨再给你买一个新的甜甜圈，好不好？”

小女孩含着泪点了点头，于是，小男孩的妈妈赶紧去小卖部给小女孩买了一个新的甜甜圈，这个小小的纠纷算是尘埃落定。

小男孩的妈妈在处理整个事情的过程中，对于小男孩的行为没有一句批评的话语，甚至用“开玩笑”来掩饰孩子的过错，这不是“爱的教育”，这是“溺爱教育”。可以说，小男孩的行为如果不加以纠正，很容易养成巧取豪夺的习惯，最终走上犯罪的道路。

《触龙说赵太后》里面有一句话是：“父母之爱子，则为之计深远。”我们要搞清楚什么是真正“爱的教育”，什么是“溺爱教育”。

爱的教育是从孩子的成长考虑，对孩子进行正确的人生观、价值观的教育，并且父母能够以身作则，言传身教，有底线，有原则。比如，面对孩子不合理的要求，要坚持原则，如此，才能教出一个有教养的孩子。

溺爱教育即无原则的爱，就是面对孩子的不良行为不批评、不指正，对孩子的成长过程中出现的恶习不惩戒。比如，孩子吃东西的时候专挑大个儿的捡，或者是干脆把所有东西都抓在自己手里，父母看见了不但不纠正孩子的行为，还微笑着说："不用抢，都是你的！"溺爱不但不能教出一个有教养的孩子，相反，可能教出一个社会"垃圾"。

公交车上，一个四五岁的小男孩坐在老弱病残孕的专用座位上，他的妈妈站在他的旁边。这个时候，上来一个拄着拐杖的老人，老人看起来很苍老，佝偻着身子，腿脚也有一些不便利。

小男孩看见老人上来，便主动让了座位，因为他的座位就是一个叔叔让给他的。没想到他的妈妈不但没有表扬孩子，反而嘀咕道："你还是个孩子，你让什么座，这个座位本来就是小孩儿坐的。一会儿自己脚站疼了，可别哭。"

男孩的妈妈本意是爱护孩子，不想让孩子受累，但是她没有想到自己的教育对孩子的长远影响，或许今后，孩子做任何事都只考虑自身的利益，长大后成为一个冷漠的人。爱不是只注意孩子的吃饱穿暖、衣食无忧，更不是要孩子"衣来伸手，饭来张口"，而是要培养孩子正确的人生观和明辨是非的能力，能够适应社会能力，并且懂得感恩。小男孩让座的行为，其实就是他感恩的表现，但是他妈妈轻易地将这种可贵的品质给抹杀了。

“其身正不令而行”，我们再一次强调家长的言传身教，孩子的行为习惯的形成是一个循序渐进的过程，家长的一言一行、举手投足间都对孩子起着潜移默化的作用。比如，一个对父母孝敬的家长，他的孩子百分百也会同样地孝敬他们，而自私自利、不懂得感恩的家长，一定不可能培养出一个充满爱心、懂得感恩的孩子。

近几年来，大家都奉行爱的教育，但是我们很容易把娇纵孩子理解成爱，释放天性不等于娇纵任性。

在一个朋友家亲眼目睹过他家小公主的特殊待遇，我还原一个吃饭的场景：

吃饭了，小公主还是不愿坐到餐桌前，朋友好说歹说才把小公主请到桌子上，但是孩子的眼睛依然盯着那边的电视机。

“宝贝儿，把电视关了，吃完饭再看。”妈妈说。

“不，我就要看电视。”女儿拒绝关电视。

“好，只要你肯吃饭，都听你的。”妈妈只好作罢。

“吃一口鱼好不好，妈妈专门给宝贝儿做的清蒸鲈鱼，可香了。”爸爸夹了一筷子鱼在女儿碗里。

“我不要吃鱼，我要喝酸奶。”女儿噘着嘴，把那块鱼肉夹了出去。

“好，宝贝儿要喝酸奶，爸爸给你拿。”爸爸转身去冰箱拿酸奶，却发现冰箱里的酸奶已经喝完了，于是说道："宝贝儿，家里没有酸奶了，一会儿吃完饭我们下楼去买。"

"不，我现在就要喝酸奶。"女儿很固执。

"那你先吃一口饭，爸爸就去给你买酸奶。"爸爸妥协了。

女儿张开嘴，乖乖地吃了一口饭，还没等饭咽下去就提醒爸爸："爸爸，快下楼给我买酸奶。"

爸爸不但没觉得有什么不妥，反而为自己哄女儿吃了一口饭而沾沾自喜，给了孩子妈妈一个"我多机智"的眼神，然后屁颠儿屁颠儿地下楼买酸奶了。

生活中，不乏像这对父母这样的"女儿奴"，他们觉得这是让孩子发挥自己的个性，其实是把孩子往自私自利、不懂得自我节制的路上培养。

如果一个孩子任性得完全不考虑别人的感受，不知道控制自己，自己想干什么就干什么，说难听一点，跟动物有何区别？人和动物最基本的区别就是动物只知道本能，不知道什么是责任，而人不能完全按照本能，他还必须有责任心。这种责任心告诉我们该做什么，不该做什么。

我们教育孩子，不能只停留在他的本能上，还要学会思考，懂得责任。所以，爱的教育一定要有规则限制，不能变成溺爱教育，懂得自我控制，遵循规则的前提下，孩子才能学会体谅，学会宽容，才能变成一个有责任心、懂得感恩的人。

05.别过度关心和保护孩子

当孩子靠近饮水机，准备给自己接一杯水的时候，父母惊慌失措，大声制止："那是开水，烫到了怎么办？让我来！"然后接过孩子手中的杯子，帮他接了一杯水。

当孩子看见一只毛茸茸的可爱猫咪，正想蹲下身子去摸一摸，父母大惊失色，呵斥道："不要靠近那只小猫，它会用爪子挠你的，把你抓伤了怎么办？"然后将小猫赶得远远的。

当孩子要从一个台阶上走下来的时候，父母赶紧大步流星地走过去："你不要自己下台阶，摔下来怎么办？这太危险了！"一边说一边霸道地一把抱起孩子，把他放到安全地带。

生活中这样的场景不少，相信绝大多数的家长都会有这样的做法，那就是不管孩子做什么，父母都会帮助孩子去做，即使孩子已经长大，也不愿放手。孩子决定自己去尝试的时候，家长会严厉地批评，家长的理由是："你还小，你不行！""你这样做太危险了，伤到自己怎么办？"不管出于什么样的目的，家长传递的信息就是：你不行。当"我不行"在孩子心中扎根后，孩子做任何事都会没有信心，孩子也会越来越依赖父母。

爱孩子，不是把孩子当作温室里的花朵一样保护，而是要让孩子学会经受风雨。人生的路不只是甜，也会有苦，我们要让孩子享受得了最好的，也承受得了最差的，如此，也是爱的教育的另一种形式。作为父母，要相信孩子的能力，给孩子锻炼自己的机会，放手让孩子去做一些事情，如此，才能让孩子拥有独立生活的能力。

女儿两岁多之后，有一个新的改变，那就是做什么都喜欢"我自己来"。兑奶粉的时候，要自己兑，哪怕只是让她完成最后一个步骤——把奶粉舀进奶瓶里；洗脸的时候要自己洗，大多数时候嘴巴上的食物残渣都没有洗干净……能满足的我都尽量满足，尽管这些行为让我这个急性子极其抓狂。但是，有天早上我给女儿穿衣服的时候，女儿的那句恶魔般的"我自己来"又出现了，我当时就爆发了，大声吼道："什么都要你自己来，你自己行不行嘛？头都不知道从哪出来，你还自己穿衣服？"

被我一吼，女儿的眼泪一下子就流了下来，一屁股坐在床上伤心地哭了起来。我也意识到这事儿是我做得不对，于是我把她抱在怀里，擦干她的眼泪说道："宝贝，对不起，妈妈刚才不该吼你，可是你还这么小，你根本就没有办法穿衣服啊，妈妈帮你穿好不好？"

"不好，我要自己穿。"女儿的倔劲儿上来了。

"那好吧，你自己穿。"我因为理屈，不再坚持。

女儿拿过衣服就往头上套，可是怎么也找不到领口在哪儿，急得哇哇大哭，我赶紧悄悄地伸手帮她把领口对准脑袋，然后用手轻轻一拉，小脑袋就伸出来了。看到自己从衣服里面钻出来，女儿用她的小眼睛得意地看着我，我赶紧鼓掌，夸赞道："哇，宝宝自己会穿衣服了呢！你是不是觉得自己很棒？”

自那天之后，女儿每天都要自己穿衣服，只有前几天需要我的协助，之后自己就慢慢学会穿衣服了，后来她又学会了穿裤子、穿袜子和鞋子。如果不是因为女儿的要求、女儿的倔强，我压根不会相信一个两岁多的孩子能够自己穿衣服，虽然女儿从小在精细动作方面都表现得很突出。

大多数家长都认为，我们爱孩子，就要替孩子做好对他们来说很难，或者是很危险的事情，事实上，父母的这种爱，在孩子的眼中就变成了不信任。“你不行”这句话对于孩子来说就是否定，这会让孩子产生挫败感，从而认为自己是个没用的人，久而久之，孩子就会变成一个自我怀疑的人。孩子在很多时候都会给我们一些意外的惊喜，有些我们以为孩子不会做的事，孩子不但做得到，而且能做得很好。

现在想来，我不可能帮孩子穿一辈子衣服，母爱太过泛滥，恰恰会让孩子失去锻炼的机会，丧失独立生存的能力，最后，孩子只会变成一个什么都不会的“寄生虫”。这件事犹如醍醐灌顶，一下子拍醒了我，作为父母，我们能帮助孩子一时，但是不能帮助孩子一世，终有一天，我们会离开孩子，到那个时候，孩子能依靠的只有自己。

对孩子真正的爱，不是将他隔离在一个安全地带，而是教给他在这个世界上生存的能力，让他学会独立生活，保护自己。要让孩子拥有这样的能力，首先要培养他对自我能力的信心。在家庭教育中，我们最好少说“你不要”“你不行”“让我来”这样的话，而是要多鼓励孩子去直面问题，大胆尝试，你会发现，孩子就像一座宝藏，蕴藏着无穷的能量。

06.不要轻易拒绝孩子的爱

生活中，我们常常看到这样的场景：

当看到妈妈心情不好，孩子为了逗妈妈开心，于是撒娇地赖在妈妈身上说：“妈妈，我给你唱首歌吧！”这个时候妈妈却不耐烦地说道：“去，去，一边儿玩儿去，我想安静一下。”

当爸爸给孩子买了一个新玩具，孩子献宝似的拿到妈妈面前说：“妈妈，你看，我的新玩具，给你玩儿吧！”妈妈却不以为然地说：“快拿走，妈妈都多大了，这都是给小孩玩的玩具。”

当妈妈生病了，孩子将一个香甜可口的苹果拿到妈妈面前说：“妈妈，吃苹果，吃完苹果就好了。”妈妈委婉地拒绝道：“孩子，妈妈这会儿吃不下，还是你吃吧。”

当妈妈正在做一件事的时候，孩子想帮妈妈分担一点，但是孩子毕竟是孩子，他的能力有限，想帮妈妈提水却把水洒了一地，想帮妈妈择菜却发现把厨房弄得一片狼藉……这个时候，妈妈却以为孩子在捣乱，怒斥孩子：“让你别动你偏动，就知道帮倒忙。”

其实，这些都是孩子爱你的表现。孩子的想法很简单，我爱你，就要把我喜欢的东西给你。家长如果欣然接受孩子的这种爱，孩子会体验到付出爱所得到的快乐。假如我们长时间拒绝孩子的爱，渐渐地，孩子就不会再给予爱，只习惯被爱，长此以往，孩子就会变成一个不会爱的人。

去年夏天，我一直带着女儿在乡下老家避暑。爷爷奶奶非常疼爱小孙女，什么好吃的都想着女儿。这天，孩子奶奶给女儿端来一碗又大又红的樱桃，樱桃洗好后，我跟女儿说："宝贝，把樱桃先给奶奶喂一颗。"

女儿用胖乎乎的小手拿了一颗樱桃，递到奶奶的嘴边，奶奶高兴极了，一边假装咂吧着嘴，一边夸奖女儿："呀，我孙女知道心疼奶奶了，这樱桃可甜了。"

女儿将手中的樱桃拿回来，有点蒙圈儿，奶奶明明就没有吃樱桃。幸好那个时候孩子还小，并没有深究，继续拿着那颗樱桃往我的嘴巴里喂。

我张开嘴，一口就将孩子手里的樱桃吃了下去。

"孩子给你喂，你还真吃啊？小孩给你喂东西，如果你真吃了，会哭闹的，而且下次你再让她给你喂，她就不敢给你了。"孩子奶奶笑着说，顺便给我传授了一下育儿经。

但是，女儿见我吃了她手中的樱桃，并没有哭，重新从碗里拿了一颗吃了起来。女儿给自己喂完一颗后，又拿了一颗喂进我的嘴里。

孩子奶奶感觉十分惊讶，觉得她孙女十分了得，不像其他孩子那样自私，小小年纪就如此孝顺。我笑着说道："妈，女儿这样做并不是什么了不起的事，你知道她为什么愿意跟我分享吗？那是因为她每次给我东西的时候，我都会接受，并会夸奖她的行为，渐渐地，她就养成了习惯，什么好东西都会想着与我分享。如果我像你们那样假装享用，孩子就会觉得反正给你也不吃，下次就懒得给你了，还会理所当然地觉得什么好东西都应该让她一个人独享，久而久之，孩子就会变成一个自私自利的人。"

"好像是有点道理。"孩子奶奶幡然醒悟。

孩子表达爱的方式很直接，拥抱、亲吻，或者把好吃的东西给父母分享，把自己最喜欢的玩具让给父母玩，不停地喊妈妈……但是，对于这些细枝末节，很少有家长能够细心地感受到孩子的爱，更有甚者会表现出不耐烦。

爱是最好的教育，爱是相互的，不是单方面的给予和接受，我们不光要会表达对孩子的爱，还要学会接受孩子的爱，如此，孩子才能成长为一个善良的、懂得爱的人。

07.我爱你，仅此而已

《亲爱的安德烈》是作家龙应台与其子安德烈的书信结集，在书中有这样一个片段：

安德烈跑去厨房问正在做饭的妈妈："如果我以后没有你们所期望的那么优秀，没有考上理想的高中、理想的大学，长大后也没有找到合适的工作，过着平庸的生活，你们会不会对我很失望，很讨厌我？"

妈妈这样回答："对我最重要的，安德烈，不是你是否有成就，而是你是否快乐。"

生活中，很多父母喜欢把自己的一切期望寄托在孩子的身上，自己没考上大学，就想让孩子帮忙完成愿望，自己想学舞蹈，就不管孩子是不是真的喜欢舞蹈，就把自己的梦想强加在孩子身上，甚至明目张胆地绑架孩子："我们累死累活都是为了你，你可不能让我们失望。"

父母以为这是在激励孩子更加努力，是对孩子的爱，其实这不是爱，真正的爱是没有任何条件的，就像龙应台的回答一样：我关心的是你是否快乐，而不是你是否拥有成就。

知道我怀孕后，一个朋友问我："你想要一个儿子还是一个女儿？"

我回答道："我想要一个孩子。不管是儿子还是女儿，我的爱都没有差别。"

女儿出生后，又有人问我这样的问题："你希望你的孩子将来变成个什么样的人？"

我笑了笑，没有回答。

"我希望孩子变成什么样的人？"对于孩子，我不是没有过期待和憧憬，当她还在我肚子里的时候，我想让她成为一个钢琴家，用自己的双手弹奏出美丽的乐章；我还想让她成为一个画家，将自己天马行空的想象都画出来；我甚至想让她成为一个旅行者，替我去看一看美丽的大千世界……但是，当第一眼看见女儿那粉白的小脸，我最大的愿望是她能健康快乐地成长，而不是成为我希望的什么人。

女儿从出生到现在，我从没有刻意地去培养过她某一方面的兴趣：想听诗了，我给她朗诵几句；想画画了，我给她买来涂鸦的画笔和墙纸；当她某一段时间对厨房里的厨具特别感兴趣，我就给她买来全套的仿真厨具……我做这些，都没有教育的目的性，我只当她是在玩儿，我的女儿，我不管她成为诗人、画家，还是厨子，我只要她快乐。

总之，我希望她健康，我希望她快乐，我希望她被爱，我希望她拥有世界上的一切美好，我希望她能够拥有自己的希望、自己的梦想，成为自己最想成为的人！

最后，我想截取海桑的这首诗作为结尾，同样地，我想告诉我的女儿：我爱你，仅此而已！

你不是我的希望，不是的

你是你自己的希望

我那些没能实现的梦想还是我的

与你无关，就让它们与你无关吧

你何妨做一个全新的梦

那梦里，不必有我

我是一件正在老去的事物

却仍不准备献给你我的一生

这是我的固执

然而我爱你，我的孩子

我爱你，仅此而已

你不是我的财富，不是的

如果你一定是财富

那你是时间的财富，是未来的财富

你如此宝贵，我怎能占为己有

一直以来，我都不愿意承认

其实在生命的意义上我们都是奇迹

就像未来不会比现在更重要

你我也只能是对方人生的某个部分

然而我爱你，我的孩子

我爱你，仅此而已

后记：在自控的路上，跟孩子一起成长

德国哲学家雅斯贝尔斯在《什么是教育》中说：“教育的本质是一棵树摇动另一棵树,一朵云推动另一朵云,一个灵魂唤醒另一个灵魂！”

世界上最好的教育是父母和孩子一起成长，共同成为更好的人。没有人天生会当父母，教育孩子的过程，实际上也是父母自我成长与提升的过程。

我从不怀疑一个父母对孩子的爱，但如何正确地去爱，却不是每个父母都能做好的，溺爱、缺爱、错爱，以及父母角色的缺失，都会给孩子的一生带来难以抚平的伤害。

有一句我们说滥的话：“知道很多道理，依然过不好这一生。”同样，关于如何教养孩子，我们也是知道太多的理论，但依然每天在跟孩子博弈。

理论和实践总是两回事，所以我们每天都在见证失败的教养，甚至自己便身在其中。面对一个精力旺盛的小孩，即使我读了那么多关于自我控制的书，我依然无法把自己变成一个温柔理性的妈妈。

我也曾像大多数父母一样，为了让孩子少制造一点麻烦，威胁、吼叫，甚至打骂孩子，这样的我令孩子讨厌，也让自己厌恶，并且很快我就发现，我的这些手段并不能起到任何作用。

我开始改变自己的态度，我决定重新看待孩子的不良行为。我突然发现，其实孩子不坏，是我们给孩子贴了太多标签。当我撕掉这些标签，学会用孩子的眼睛看世界，我突然记起，曾经我也是个孩子，只是我忘记了这件重要的事。

我不再武断，我学会了给孩子道歉，我很抱歉曾如此简单粗暴地对待小小的她，我也庆幸，我醒悟得并不算晚……一路走来，我以为是我在教育孩子，最终，我才发现，是孩子教会了我忍耐和爱。